「대한민력이 새로워졌습니다」

松亭 金赫濟 原著

金東奎 監修

金東求 編製

癸卯年大韓民曆

西紀二〇二三年

大韓民國一〇五年

檀紀四三五六年

松亭曆法研究所

大韓民曆編製

附錄

大韓民國略史

婚姻運

生氣福德表

陽宅·陰宅大要

年神方位圖

農家行事表

家庭儀禮書式

移徙方位表

年齡對照表

男女宮合法

일요일 및 법정 공휴일(양력)

월별	일 요 일	법정 공휴일
1월	1, 8, 15, 22, 29	1, 21, 22, 23
2월	5, 12, 19, 26	
3월	5, 12, 19, 26	1
4월	2, 9, 16, 23, 30	
5월	7, 14, 21, 28	5, 27
6월	4, 11, 18, 25	6
7월	2, 9, 16, 23, 30	
8월	6, 13, 20, 27	15
9월	3, 10, 17, 24	28, 29, 30
10월	1, 8, 15, 22, 29	3, 9
11월	5, 12, 19, 26	
12월	3, 10, 17, 24, 31	25

明文堂

● 每月 十五日은 民防衛의 날

西紀二〇二三年 檀紀四三五六年

太歲癸卯年大韓民曆

閏年 三百八十四日

○ 공휴일

新正	一月	一日	(前十二月 十日)
설날	一月	二十二日	(正月 初一日)
三一節	三月	一日	(二月 初十日)
어린이날	五月	五日	(三月 十六日)
부처님오신날	五月	二十七日	(四月 初八日)
顯忠日	六月	六日	(四月 十八日)
制憲節(국경일)	七月	十七日	(五月 三十日)
光復節	八月	十五日	(六月 二十九日)
秋夕	九月	二十九日	(八月 十五日)
開天節	十月	三日	(八月 十九日)
한글날	十月	九日	(八月 二十五日)
성탄절	十二月	二十五日	(十一月 十三日)

○ 기념일

납세자의날	三月	三日	(二月 十二日)
상공의날	三月	十五日	(二月 二十四日)
물의날	三月	二十二日	(閏二月 初一日)
기상의날	三月	二十三日	(閏二月 初二日)
식목일	四月	五日	(閏二月 十五日)
예비군의날	四月	七日	(閏二月 十七日)
보건의날	四月	七日	(閏二月 十七日)
임시정부수립기념일	四月	十一日	(閏二月 二十一日)
四·一九革命기념일	四月	十九日	(閏二月 二十九日)
장애인의날	四月	二十日	(三月 初一日)
과학의날	四月	二十一日	(三月 初二日)
정보통신의날	四月	二十二日	(三月 初三日)
법의날	四月	二十五日	(三月 初六日)
충무공탄신일	四月	二十八日	(三月 初九日)
근로자의날	五月	一日	(三月 十二日)
어버이날	五月	八日	(三月 十九日)
스승의날	五月	十五日	(三月 二十六日)
성년의날	五月	十五日	(三月 二十六日)
五·一八민주화운동기념일	五月	十八日	(三月 二十九日)
발명의날	五月	十九日	(三月 三十日)
부부의날	五月	二十一日	(四月 初二日)
방재의날	五月	二十五日	(四月 初六日)
바다의날	五月	三十一日	(四月 十二日)
환경의날	六月	五日	(四月 十七日)
六·二五전쟁일	六月	二十五日	(五月 初八日)
철도의날	六月	二十八日	(五月 十一日)
사회복지의날	九月	七日	(七月 二十三日)
국군의날	十月	一日	(八月 十七日)
노인의날	十月	二日	(八月 十八日)
재향군인의날	十月	八日	(八月 二十四日)
체육의날	十月	十五日	(九月 初一日)
문화의날	十月	二十一日	(九月 初七日)
경찰의날	十月	二十一日	(九月 初七日)
국제연합일	十月	二十四日	(九月 初十日)
교정의날	十月	二十八日	(九月 十四日)
지방자치의날	十月	二十九日	(九月 十五日)
금융의날	十月	三十一日	(九月 十七日)
학생독립운동기념일	十一月	三日	(九月 二十日)
소방의날	十一月	九日	(九月 二十六日)
농업인의날	十一月	十一日	(九月 二十八日)
순국선열의날	十一月	十七日	(十月 初五日)
소비자의날	十二月	三日	(十月 二十一日)
무역의날	十二月	五日	(十月 二十三日)
세계인권선언일	十二月	十日	(十月 二十八日)

○ 歲時風俗日과 雜節

土王用事	一月	十七日	(前十二月 二十六日)
除夕	一月	二十一日	(前十二月 三十日)
臘享	一月	二十五日	(正月 初四日)
정월대보름	二月	五日	(正月 十五日)
春社	三月	二十一日	(二月 三十日)
寒食	四月	六日	(閏二月 十六日)
土王用事	四月	十七日	(閏二月 二十七日)
三辰日	四月	二十二日	(三月 初三日)
端午節	六月	二十二日	(五月 初五日)
初伏	七月	十一日	(五月 二十四日)
土王用事	七月	二十日	(六月 初三日)
中伏	七月	二十一日	(六月 初四日)
流頭	八月	一日	(六月 十五日)
末伏	八月	十日	(六月 二十四日)
七夕	八月	二十二日	(七月 初七日)
百中	八月	三十日	(七月 十五日)
秋社	九月	二十七日	(八月 十三日)
土王用事	十月	二十一日	(九月 初七日)
重陽節	十月	二十三日	(九月 初九日)
土王用事	明一月	十八日	(十二月 初八日)
臘享	明一月	二十日	(十二月 初十日)
復活主日	四月	九日	(閏二月 十九日)
孔子誕日	九月	二十八日	(八月 十四日)
李退溪誕日	明一月	六日	(十一月 二十五日)
李栗谷誕日	明二月	五日	(十二月 二十六日)

日蝕·月蝕

混成日蝕 = 四月 二十日
四月 二十日 十時 三十四分부터
四月 二十日 十五時 五十九分까지
(우리나라에서는 관측할 수 없다)

金環日蝕 = 十月 十五日
十月 十五日 0時 四分부터
十月 十五日 五時 五十五分까지
(우리나라에서는 관측할 수 없다)

半影月蝕 = 五月 六日
五月 六日 0時 十四分부터
五月 六日 四時 三十二分까지
(우리나라에서 관측할 수 있다)

部分月蝕 = 十月 二十九日
十月 二十九日 四時 三十五分부터
十月 二十九日 五時 五十三分까지
(우리나라에서 관측할 수 있다)

十二支時間表

一支는 二時間, 初와 正은 一時間, 一時間은 四刻, 一刻은 十五分 (分은 現在時間의 分과 同一)

子	丑	寅	卯	辰	巳	午	未	申	酉	戌	亥
初—午後十一時	初—午前一時	初—午前三時	初—午前五時	初—午前七時	初—午前九時	初—午前十一時	初—午後一時	初—午後三時	初—午後五時	初—午後七時	初—午後九時
正—午前零時	正—午前二時	正—午前四時	正—午前六時	正—午前八時	正—午前十時	正—午後零時	正—午後二時	正—午後四時	正—午後六時	正—午後八時	正—午後十時

위 12시는 표준시 선상의 시간이다. 서울은 동경 127.5도에 위치하므로 현재 사용하는 표준시 135도 선상의 시간보다 약 30분 늦다. '日首夜半子正'이니 절기에 따라서는 30분의 오차로 그믐과 초하루가 달라질 수 있다. 이에 따라 **음력 날짜는 틀릴 수 있으므로** 중요한 날은 반드시 양력으로 기록하기 바란다.

西曆紀元二〇二三年
檀君紀元四三五六年
大韓民國一〇五年

癸卯年月表及節氣表

月建	月之大小	月白	朔日	節氣		入節 日	入節 干支	入節 時刻	入節 陽曆	中氣		入節 日	入節 干支	入節 時刻	入節 陽曆
癸丑	十二月大	九紫	庚戌	小寒	十二月節	十五日	甲子	零時五分	一月六日	大寒	十二月中	二十九日	戊寅	十七時三十分	一月二十日
甲寅	正月小	八白	庚辰	立春	正月節	十四日	癸巳	十一時四十三分	二月四日	雨水	正月中	二十九日	戊申	七時三十四分	二月十九日
乙卯	二月大	七赤	己酉	驚蟄	二月節	十五日	癸亥	五時三十六分	三月六日	春分	二月中	三十日	戊寅	六時二十四分	三月二十一日
	閏二月小		己卯												
丙辰	三月大	六白	戊申	淸明	三月節	十五日	癸巳	十時十三分	四月五日	穀雨	三月中	初一日	戊申	十七時十四分	四月二十日
丁巳	四月小	五黃	戊寅	立夏	四月節	十七日	甲子	三時十九分	五月六日	小滿	四月中	初二日	己卯	十六時九分	五月二十一日
戊午	五月大	四綠	丁未	芒種	五月節	十八日	乙未	七時十八分	六月六日	夏至	五月中	初四日	庚戌	二十三時五十八分	六月二十一日
己未	六月小	三碧	丁丑	小暑	六月節	二十日	丙寅	十七時三十一分	七月七日	大暑	六月中	初六日	壬午	十時五十分	七月二十三日
庚申	七月大	二黑	丙午	立秋	七月節	二十二日	戊戌	三時二十三分	八月八日	處暑	七月中	初八日	癸丑	十八時一分	八月二十三日
辛酉	八月大	一白	丙子	白露	八月節	二十四日	己巳	六時二十七分	九月八日	秋分	八月中	初九日	甲申	十五時五十分	九月二十三日
壬戌	九月小	九紫	丙午	寒露	九月節	二十四日	己亥	二十二時十六分	十月八日	霜降	九月中	初十日	乙卯	一時二十一分	十月二十四日
癸亥	十月大	八白	乙亥	立冬	十月節	二十五日	庚午	一時三十六分	十一月八日	小雪	十月中	初十日	甲申	二十三時三分	十一月二十二日
甲子	十一月小	七赤	乙巳	大雪	十一月節	二十五日	己亥	十八時三十三分	十二月七日	冬至	十一月中	初十日	甲寅	十二時二十七分	十二月二十二日
乙丑	十二月大	六白	甲戌	小寒	十二月節	二十五日	己巳	五時四十九分	明一月六日	大寒	十二月中	初十日	癸未	二十三時七分	明一月二十日

[중요길신방]
歲德 － 戊
歲德合 － 癸
陽貴人 － 巳
陰貴人 － 卯
歲祿 － 子

二日得辛
一龍治水
十牛耕田
三馬佗負

新正

양둔상원

八白	四綠	六白
七赤	九紫	二黑
三碧	五黃	一白

一月大 三十一日

舊曆 自・前年十二月十日 至・正月十日

평균기온
- 서울－영하四度九分
- 전주－영하一度七分
- 포항－○度六分
- 목포－一度○分
- 강릉－영하一度○分
- 대구－영하一度六分
- 부산－一度八分
- 제주－四度八分

小寒 零時五分 舊十二月節

晝九時間四十一分 夜十四時間十九分

癸丑月建 太陽到臨 癸・乙丙丁三奇 乾兌艮

陽曆	曜日	日出(午前) / 日入(午後)	月出 / 月入	陰曆	干支	五行納音	二十八宿	二十神	九星	移徙周堂	婚姻周堂	行事宜日및忌日 吉神 (凶神)	潮滿
一日	㊐	七時四十七分 / 五時二十四分	十三時二十五分 / 二時十七分	初十日	己未	火	昴	危	五黃	利	姑	宜伐木畋獵 忌祈福 告祀 會親友 出行 結婚 移徙 求醫療病 動土 上樑 造醬 開市 交易 納畜 安葬 要安 (月煞 月虛 月害 四擊 八專) 月破日	午子
二日	月	七時四十七分 / 五時二十五分	十三時五十三分 / 三時二十一分	十一日	庚申	木	畢	成	四綠	天	堂	宜會親友出行移徙求醫療病上樑 時巳 造醬安葬 忌結婚 動土 破屋 栽種 破土 母倉 三合 (九坎 九焦 土符)	未丑
三日	火	七時四十七分 / 五時二十六分	十四時二十五分 / 四時二十四分	十二日	辛酉	木	觜	收	三碧	害	翁	宜沐浴 忌祈福 告祀 會親友 出行 結婚 移徙 求醫療病 動土 上樑 造醬 交易 納畜 安葬 母倉 金堂 除神 (河魁 大時 大敗 咸池) 수사일 伏斷日	未丑
四日	水	七時四十七分 / 五時二十六分	十五時二分 / 五時二十七分	十三日	壬戌	水	參	開	二黑	殺	第	宜祭祀祈福會親友結婚上樑 時巳 栽種 忌出行 進人口 移徙 求醫療病 伐木 月德 時陽 生氣 (五虛 九空) 天罡日	未丑
五日	木	七時四十七分 / 五時二十七分	十五時四十五分 / 六時二十七分	十四日	癸亥	水	井	閉	一白	富	竈	宜沐浴 忌祈福 告祀 會親友 出行 結婚 移徙 求醫療病 動土 上樑 交易 安葬 王日 (遊禍 血支 四窮 六蛇 復日 重日 朱雀) 月忌日 天賊日	申寅
六日	金	七時四十七分 / 五時二十八分	十六時三十五分 / 七時二十三分	十五日	甲子	金	鬼	閉	一白	師	婦	宜祭祀沐浴裁衣經絡造醬安葬 月空 天恩 天赦 天願 四相 官日 六合 續世 (天吏 致死 血支 土符 歸忌 血忌 天刑)	申寅
七日	土	○望八時八分		十六日	乙丑	金	柳	建	二黑	災	廚	宜祭祀祈福會親友結婚上樑 時巳 安葬 忌出行 移徙 求醫療病 動土 破屋 栽種 天德合 月德合 (月建 小時) 大空亡	酉卯
八日	㊐	七時四十七分 / 五時三十分	十八時二十九分 / 八時五十五分	十七日	丙寅	火	星	除	三碧	安	夫	宜沐浴大淸掃 忌祭祀 出行 求醫療病 開倉庫 修倉庫 出貨財 天恩 月德 相日 吉期 不將 玉宇 五合 (劫煞 天賊 五虛)	酉卯
九日	月	七時四十七分 / 五時三十一分	十九時二十九分 / 九時三十一分	十八日	丁卯	火	張	滿	四綠	利	姑	宜祭祀 忌祈福 會親友 出行 結婚 移徙 求醫療病 動土 上樑 造醬 交易 破屋 安葬 天恩 民日 天巫 福德 天倉 不將 金匱 五合 (災煞 天火)	酉卯
十日	火	七時四十七分 / 五時三十二分	二十時二十九分 / 十時二分	十九日	戊辰	木	翼	平	五黃	天	堂	諸事不宜 吉神 天恩 天馬 凶神 河魁 死神 月煞 月虛 五墓 白虎	戌辰
十一日	水	七時四十七分 / 五時三十三分	二十一時二十八分 / 十時二十九分	二十日	己巳	木	軫	定	六白	害	翁	宜會親友結婚動土上樑 時午 造醬立券交易 忌出行 求醫療病 乘船渡水 安葬 三合 時陰 (厭對 招搖 復日 重日)	戌辰
十二日	木	七時四十七分 / 五時三十四分	二十二時二十七分 / 十時五十三分	卄一日	庚午	土	角	執	七赤	殺	第	宜祭祀祈福會親友出行結婚移徙上樑 時午 栽種安葬 忌求醫療病 畋獵 取魚 天德 (月害 大時) 伏斷日	戌辰
十三日	金	七時四十六分 / 五時三十五分	二十三時二十七分 / 十一時十六分	卄二日	辛未	土	亢	破	八白	富	竈	宜祭祀破屋 忌祈福 會親友 出行 結婚 移徙 求醫療病 動土 上樑 造醬 立券 交易 栽種 伐木 安葬 月恩 普護 (大耗 四擊 九空 元武) 月破日	亥巳
十四日	土	七時四十六分 / 五時三十六分	十一時三十九分	卄三日	壬申	金	氐	危	九紫	師	婦	宜祭祀造醬開市伐木畋獵栽種納畜安葬 忌祈福 會親友 結婚 求醫療病 交易 母倉 陽德 (遊禍 五離) 月忌日	亥巳
十五日	㊐	◐下弦十一時十分		卄四日	癸酉	金	房	成	一白	災	廚	宜出行結婚移徙求醫療病上樑 時午 造醬交易安葬 忌會親友 動土 破屋 栽種 母倉 三合 (大煞) 수사일	亥巳
十六日	月	七時四十六分 / 五時三十八分	一時三十二分 / 十二時三十分	卄五日	甲戌	火	心	收	二黑	安	夫	宜祭祀捕捉 忌祈福 會親友 出行 結婚 移徙 求醫療病 動土 上樑 造醬 交易 立券 栽種 安葬 月空 四相 聖心 (月刑 五虛) 天罡日 大空亡	午子

土王用事

十七日	火	七時四十五分 五時三十九分	二時三十九分 十三時一分	廿六日	乙亥	火	尾	開	三碧	利	姑	宜祭祀祈福會親友動土上樑 時午 開市 忌 出行 結婚 移徙 求醫療病 伐木 栽種 天德合 四相(月厭 重日)天賊日 大空亡	未丑
十八日	水	七時四十五分 五時四十分	三時五十一分 十三時四十分	廿七日	丙子	水	箕	閉	四綠	天	堂	宜祭祀造醬安葬 忌 祈福 會親友 出行 結婚 移徙 求醫療病 動土 上樑 交易 官日 六合 不將 續世 (天吏 致死 血支 歸忌 土符 血忌)	未丑
十九日	木	七時四十四分 五時四十一分	五時五分 十四時三十分	廿八日	丁丑	水	斗	建	五黃	害	翁	忌 祈福 告祀 出行 結婚 移徙 求醫療病 動土 上樑 修倉庫 出貨財 破屋 伐木 栽種 破土 安葬 守日 不將 要安 (月建 小時 土府 往亡 朱雀) 伏斷日	未丑
二十日	金	七時四十四分 五時四十二分	六時十七分 十五時三十一分	廿九日	戊寅	土	牛	除	六白	殺	第	宜沐浴大清掃 忌 祭祀 出行 求醫療病 開倉庫 修倉庫 出貨財 破土 安葬 時德 相日 吉期 玉堂 五合 金匱 (劫煞 天賊 五虛)	申寅

大寒 十七時三十分 舊十二月中

晝九時間五十八分 夜十四時間二分

太陽到臨 子 · 乙丙丁三奇 乾兌艮

제석 설연휴 (二十一日) · 설날 正月小 (二十二日) · 설연휴 (二十三日) · 대체공휴일 (二十四日) · 臘享 (二十五日)

二十一日	土	七時四十四分 五時四十三分	七時二十二分 十六時四十四分	三十日	己卯	土	女	滿	七赤	富	竈	宜祭祀 忌 祈福 會親友 出行 結婚 移徙 求醫療病 動土 上樑 造醬 開市 立券 交易 納畜 破土 安葬 天恩 民日 天巫 (災煞 天火 復日) 伏斷日	申寅
二十二日	㊐	●合朔五時五十三分		初一日	庚辰	金	虛	平	八白	天	婦	宜祭祀 忌 祈福 會親友 出行 結婚 移徙 求醫療病 動土 上樑 造醬 開市 立券 栽種 破土 安葬 天德 月德 天恩 天馬 (河魁 死神 月煞) 天賊日	酉卯
二十三日	月	七時四十三分 五時四十五分	九時一分 十九時二十二分	初二日	辛巳	金	危	定	九紫	利	竈	宜祭祀祈福會親友結婚移徙動土上樑 時午 交易 忌 出行 求醫療病 造醬 安葬 天恩 月恩(厭對) 天罡日	酉卯
二十四日	火	七時四十二分 五時四十六分	九時三十七分 二十時三十九分	初三日	壬午	木	室	執	一白	安	第	宜伐木 忌 祈福 會親友 出行 結婚 移徙 求醫療病 動土 上樑 造醬 開市 立券 栽種 納畜 破土 安葬 天恩 敬安 解神 (月害 大時 大敗 咸池 小耗)	酉卯
二十五日	水	七時四十一分 五時四十七分	十時八分 二十一時五十一分	初四日	癸未	木	壁	破	二黑	災	翁	宜祭祀 忌 祈福 會親友 出行 結婚 移徙 求醫療病 動土 上樑 造醬 開市 立券 栽種 納畜 破土 安葬 天恩 普護 (大耗 四擊 九空 元武) 大空亡	戌辰
二十六日	木	七時四十一分 五時四十九分	十時三十五分 二十三時一分	初五日	甲申	水	奎	危	三碧	師	堂	宜祭祀出行移徙動土上樑 時巳 造醬安葬 忌 祈福 會親友 結婚 求醫療病 月空 母倉(遊禍 五離) 月忌月破日 大空亡	戌辰
二十七日	金	七時四十分 五時五十分	十一時一分	初六日	乙酉	水	婁	成	四綠	富	姑	宜祭祀祈福出行結婚移徙求醫療病上樑 時午 造醬安葬 忌 會親友 栽種 天德合 (大煞 五離) 大空亡	戌辰
二十八日	土	七時三十九分 五時五十一分	十一時二十七分 ○時七分	初七日	丙戌	土	胃	收	五黃	殺	夫	宜祭祀 忌 祈福 會親友 出行 結婚 移徙 求醫療病 動土 上樑 造醬 開市 立券 栽種 納畜 破土 安葬 聖心 青龍 (天罡 月刑 五虛) 수사일 伏斷日	亥巳
二十九日	㊐	◐上弦零時十九分		初八日	丁亥	土	昴	開	六白	害	廚	宜祭祀 忌 祈福 會親友 出行 結婚 移徙 求醫療病 動土 上樑 造醬 開市 立券 栽種 破土 安葬 陰德 王日 驛馬 天后 時陽 (月厭 地火 重日)	亥巳
三十日	月	七時三十八分 五時五十三分	十二時二十六分 二時十七分	初九日	戊子	火	畢	閉	七赤	天	婦	宜祭祀沐浴 忌 祈福 會親友 出行 結婚 移徙 求醫療病 動土 上樑 立券 交易 破土 官日 六合 續世 (天吏 致死 血支 土符 歸忌 血忌 天刑)	亥巳
三十一日	火	七時三十七分 五時五十四分	十三時一分 三時二十分	初十日	己丑	火	觜	建	八白	利	竈	宜裁衣 忌 祈福 告祀 出行 結婚 移徙 求醫療病 動土 上樑 破屋 伐木 取魚 栽種 破土 安葬 守日 不將 要安 (月建 小時 土府 往亡 復日 朱雀)	午子

농사메모

• **벼농사**=①금년 영농계획 수립。②모랫논과 자갈논에 산흙을 객토。③새마을 영농교육에 참가 • **밭농사**=①보리밭에 왕겨 혹은 짚·두엄 등을 덮어 동해(凍害) 방지。②밭농사에 해당되는 종자(양호품) 확보。• **경제작물**=①온상육묘에 필요한 종자 및 자재 준비。②과수나무 가지치기。③비닐하우스내 채소 수확。• **축산**=①소·돼지 등 축사 손질。②젖소 및 한우의 피부 손질。③새끼내기용 암퇘지의 사료배합에 유의。• **잠업**=①봄·가을누에치기에 소요될 기구 제조。②영농교육 참가。

이달의 主要略史

• **一日**=경부선 개통(一九〇五) • 西紀公用(一九六二) • 호주제 폐지(二〇〇八) • **四日**=中·高生 교복과 머리를 자율화하기로 결정(一九八二) • **五日**=야간통행금지 전면 해제(一九八二) • **六日**=부산 광안대교 개통(二〇〇三) • **七日**=초등학교 의무교육 실시(一九四八) • **八日**=이봉창의사 日皇저격(一九三二) • **十日**=충북선 철도 개통(一九五九) • **十一日**=호남선 철도 개통(一九一四) • **十三日**=제1차 경제개발5개년 계획 발표(一九六二) • **十四日**=파주와 상암동을 잇는 제2자유로 개통(二〇十二) • **十五日**=국방경비대 창설(一九四六) • **二十一日**=광화문 전화국 개국(一九六二) • **十六日**=영월선 개통(一九五六) • **二十一日**=북한 무장공비 三十一명 서울 침투, 김신조 생포(一九六八) • **二十二日**=金相玉의사 의거(一九二三) • **二十三日**=美정보함 프에블로호 원산 앞바다 공해상에서 北에 피랍(一九六八) • **二十四日**=全州에서 동계유니버시아대회 개최(一九九七) • **二十五日**=제2한강교 개통(一九六五) • **二十九日**=평창에서 동계스페셜 올림픽 개막(二〇十三) • **三十日**=제4회 동계아시안게임 개막(一九九九) • **三十一日**=동해고속도로 개통(一九七九)

정월대보름

七赤	三碧	五黃
六白	八白	一白
二黑	四綠	九紫

二月小 二十八日

舊曆 自·正月十一日 至·二月九日

立春 十一時四十三分 舊正月節

晝十時間二十五分 夜十三時間三十五分

甲寅月建 太陽到臨 壬·乙丙丁三奇 震巽中

陽曆	曜日	日出(午前)	日入(午後)	月出	月入	陰曆	干支	納音五行	二十八宿	十二神	九星	移徙周堂	婚姻周堂	行事宜日및忌日 吉神(凶神)	潮滿
一日	水	七時三十六分	五時五十五分	十三時四十三分	四時二十一分	十一日	庚寅	木	參	除	九紫	安	第	宜會親友結婚移徙動土上樑 時午 交易栽種納畜安葬 忌 祭祀 出行 求醫療病 天德 月德 (劫煞 五虛)	未丑
二日	木	七時三十五分	五時五十六分	十四時三十分	五時十八分	十二日	辛卯	木	井	滿	一白	災	翁	宜祭祀 忌 祈福 告祀 會親友 出行 結婚 移徙 求醫療病 動土 上樑 造醬 開市 立券 交易 栽種 破土 安葬 月恩 民日 福德 天倉 (災煞 天火)	未丑
三日	金	七時三十五分	五時五十七分	十五時二十四分	六時十分	十三日	壬辰	水	鬼	平	二黑	師	堂	諸事不宜 吉神 天馬 凶神 河魁 死神 月煞 月虛 白虎 天賊日 大空亡	未丑
四日	土	七時三十四分	五時五十九分	十六時二十二分	六時五十四分	十四日	癸巳	水	柳	平	三碧	富	姑	忌 祈福 告祀 會親友 出行 結婚 移徙 求醫療病 動土 上樑 造醬 立券 交易 破屋 安葬 相日 寶光 (死神 月刑 月害 遊禍 五虛) 月忌 天罡日 大空亡	申寅
五日	㊐	七時三十三分	六時○分	十七時二十一分	七時三十二分	十五日	甲午	金	星	定	四綠	殺	夫	宜祭祀祈福告祀會親友結婚移徙上樑 時午 造醬 忌 求醫療病 安葬 時德 民日 臨日 (死氣 復日) 大空亡	申寅
六日	月	○望三時二十九分				十六日	乙未	金	張	執	五黃	害	廚	宜取魚 忌 出行 結婚 進人口 移徙 求醫療病 動土 上樑 開市 立券 交易 納財 栽種 納畜 破土 安葬 敬安 玉堂 (小耗 五墓) 伏斷日	酉卯
七日	火	七時三十一分	六時二分	十九時二十二分	八時三十二分	十七日	丙申	火	翼	破	六白	天	婦	宜祭祀求醫療病 忌 祈福 告祀 會親友 出行 結婚 移徙 動土 上樑 造醬 安葬 月德 月恩 四相 驛馬 天后 普護 (大耗 五離) 月破日	酉卯
八日	水	七時三十分	六時三分	二十時二十一分	八時五十七分	十八日	丁酉	火	軫	危	七赤	利	竈	宜祭祀祈福出行結婚移徙動土上樑 時巳 安葬 忌 會親友 求醫療病 取魚 天德 福生 (天吏 致死)	酉卯
九日	木	七時二十九分	六時四分	二十一時二十一分	九時二十分	十九日	戊戌	木	角	成	八白	安	第	宜入學 忌 祈福 告祀 會親友 出行 結婚 移徙 求醫療病 動土 上樑 造醬 立券 交易 安葬 陽德 三合 天喜 (月厭 地火 大煞) 수사일	戌辰
十日	金	七時二十八分	六時五分	二十二時二十一分	九時四十三分	二十日	己亥	木	亢	收	九紫	災	翁	宜祭祀祈福會親友結婚進人口造醬立券交易栽種 忌 求醫療病 破土 安葬 母倉 六合 (河魁 劫殺)	戌辰
十一日	土	七時二十七分	六時六分	二十三時二十二分	十時六分	廿一日	庚子	土	氐	開	一白	師	堂	宜祭祀入學 忌 結婚 進人口 求醫療病 築堤防 動土 造醬 伐木 栽種 破土 母倉 時陽 生氣 不將 益後 青龍 (災殺 天火 地囊)	戌辰
十二日	㊐	七時二十六分	六時七分		十時三十一分	廿二日	辛丑	土	房	閉	二黑	富	姑	宜祭祀 忌 祈福 告祀 會親友 出行 結婚 移徙 求醫療病 動土 上樑 造醬 交易 栽種 破土 安葬 月德合 不將 續世 (月殺 月虛 血支 五虛 土符)	亥巳
十三日	月	七時二十五分	六時八分	○時二十七分	十一時○分	廿三日	壬寅	金	心	建	三碧	殺	夫	宜會親友結婚上樑 時巳 納畜安葬 忌 祭祀 出行 移徙 求醫療病 動土 伐木 破土 天德合 月空 (月建 小時) 月忌日 大空亡	亥巳
十四日	火	◑下弦一時一分				廿四日	癸卯	金	尾	除	四綠	害	廚	宜會親友出行結婚沐浴求醫療病立券交易大淸掃 忌 穿井 官日 吉期 玉宇 (大時 大敗 咸池) 大空亡	亥巳
十五日	水	七時二十二分	六時十一分	二時四十六分	十二時十七分	廿五日	甲辰	火	箕	滿	五黃	天	婦	宜祭祀祈福告祀會親友 忌 結婚 進人口 求醫療病 開市 立券 交易 乘船渡水 安葬 守日 天巫 福德 (厭對 招搖 九空) 伏斷 天賊日	午子
十六日	木	七時二十一分	六時十二分	三時五十六分	十三時十一分	廿六日	乙巳	火	斗	平	六白	利	竈	忌 祈福 告祀 會親友 出行 結婚 移徙 求醫療病 動土 上樑 造醬 交易 破屋 栽種 納畜 破土 安葬 相日 寶光 (死神 月刑 月害 遊禍 五虛 重日) 天罡日	未丑

평균기온
- 서울 — 영하 一度 九分
- 전주 — ○度 二分
- 포항 — 二度 二分
- 목포 — 二度 一分
- 강릉 — ○度 三分
- 대구 — ○度 六分
- 부산 — 三度 五分
- 제주 — 五度 二分

二月大

十七日	金	七時二十分 / 六時十三分	五時三分 / 十四時十七分	廿七日	丙午	水	牛	定	七赤	安	第	宜祭祀祈福會親友出行結婚移徙上樑 時午 造醬安葬 忌 求醫療病 月德 月恩 四相 民日 (死氣 白虎)	未丑
十八日	土	七時十九分 / 六時十四分	六時一分 / 十五時三十一分	廿八日	丁未	水	女	執	八白	災	翁	宜祭祀祈福會親友出行移徙動土上樑 時巳 安葬 忌 結婚 求醫療病 畋獵 取魚 天德 四相 (小耗)	未丑
十九日	㊐	七時十八分 / 六時十五分	六時五十分 / 十六時五十一分	廿九日	戊申	土	虛	破	九紫	師	堂	宜祭祀求醫療病 忌 祈福 告祀 會親友 出行 結婚 移徙 動土 上樑 造醬 交易 納畜 安葬 驛馬 天后 普護 解神 (大耗 五離 天牢)月破日	申寅

雨水 七時三十四分 舊正月中

晝十時間五十五分 夜十三時間五分

太陽到臨 亥· 乙丙丁三奇 震巽中

二十日	月	● 合朔十六時六分		初一日	己酉	土	危	危	一白	安	夫	宜祭祀大淸掃破土安葬 忌 祈福 告祀 會親友 結婚 移徙 求醫療病 動土 上樑 天恩 陰德 福生 (天吏 致死 五虛) 月破日 天賊日	酉卯
二十一日	火	七時十五分 / 六時十七分	八時三分 / 十九時二十六分	初二日	庚戌	金	室	成	二黑	利	姑	宜入學 忌 祈福 告祀 會親友 出行 結婚 移徙 求醫療病 動土 上樑 造醬 立券 交易 納財 破屋 栽種 安葬 天恩 陽德 三合 天喜 (月厭 地火 大殺)	酉卯
二十二日	水	七時十四分 / 六時十八分	八時三十二分 / 二十時三十八分	初三日	辛亥	金	壁	收	三碧	天	堂	宜祭祀祈福會親友出行結婚移徙上樑 時午 交易 忌 求醫療病 造醬 月德合 天恩 (河魁 劫殺) 伏斷日	酉卯
二十三日	木	七時十二分 / 六時十九分	八時五十九分 / 二十一時四十九分	初四日	壬子	木	奎	開	四綠	害	翁	宜祭祀祈福告祀會親友出行結婚移徙上樑 時午 忌 求醫療病 伐木 取魚 畋獵 天德合 (災煞) 天罡日 大空亡	戌辰
二十四日	金	七時十一分 / 六時二十分	九時二十六分 / 二十二時五十七分	初五日	癸丑	木	婁	閉	五黃	殺	第	諸事不宜 吉神 天恩 續世 明堂 凶神 月殺 月虛 血支 五虛 土符 歸忌 血忌 八專 觸水龍 月忌日	戌辰
二十五日	土	七時十分 / 六時二十一分	九時五十四分	初六日	甲寅	水	胃	建	六白	富	竈	宜會親友立券交易 忌 祭祀 祈福 告祀 結婚 移徙 求醫療病 動土 上樑 安葬 王日 天倉 要安 五合 (月建 小時 土府 往亡 復日 天刑)	戌辰
二十六日	㊐	七時九分 / 六時二十二分	十時二十四分 / ○時四分	初七日	乙卯	水	昴	除	七赤	師	婦	宜會親友出行結婚沐浴求醫療病立券交易大淸掃 忌 穿井 栽種 官日 吉期 玉宇 五合 (大時 大敗)	亥巳
二十七日	月	◐ 上弦十七時六分		初八日	丙辰	土	畢	滿	八白	災	廚	宜祭祀祈福會親友出行結婚移徙動土上樑 時巳 安葬 忌 乘船渡水 栽種 月德 月恩 (厭對 招搖)수사일	亥巳
二十八日	火	七時六分 / 六時二十四分	十一時三十九分 / 二時十三分	初九日	丁巳	土	觜	平	九紫	安	夫	宜祭祀 忌 祈福 告祀 出行 剃頭 求醫療病 畋獵 取魚 天德 四相 相日 寶光 (死神 月刑 月害 遊禍 五虛 八風 重日)	亥巳

농사메모

• **벼농사**=①월동해충을 박멸키 위하여 논둑 및 제방의 잡초를 불태움。 ②농한기를 이용하여 사질답에 객토。 • **밭농사**=①제2차 보리밟기。 ②눈이 녹기 시작하면 논보리 배수작업을 하여 습해의 우려를 방지。 ③고구마·감자·옥수수 등 우량품종으로 준비 확보。 • **경제작물**=①채소류 조숙재배를 위해 온상을 설치하고 씨앗을 뿌림。 ②토마토 하우스 재배는 「생장 조절제」를 살포。 ③포도·감나무 등 과수의 껍질을 깎아주고 낙엽을 소각。 ④사과 등에 씌울 봉지를 준비。 • **축산**=①임신 돼지의 분만 준비。 ②병아리 깨기 시작 및 병아리 기르는 기구 준비。 ③벌통의 저밀량 조사。 • **잠업**=①뽕나무 가지 정리。 ②잠실을 설치할 설계와 자재준비 재검토。 ③뽕나무에 줄 금비 확보。

이달의 主要略史

• **一日**=政府 新 職制令 公布(一九五五) • **三日**=韓·美원자력협정 조인(一九五六) •蔚山공업센터 기공(一九六二) • **四日**=科學技術研究所 發足(一九六六) • **八日**=韓·美經濟協定 조인(一九六一) • **九日**=제二十三회 평창 동계올림픽 개최(二〇十八) • **十一日**=居昌良民학살사건(一九五一) • **十二日**=유신헌법 찬반 국민 투표(一九七五) •제十二대 국회의원 총선거(一九八五) •장보고 남극 과학기지 문을 엶(二〇十四) •北 동해상으로 미사일 발사(二〇十七) • **十五日**=제1차 貨幣改革(一九五三) •趙炳玉박사 서거(一九六〇) • **十六日**=KAL기 납북(一九五八) •김수환 추기경 선종(二〇〇九) • **二十日**=구정을 민속의 날로 정하여 공휴일로 함(一九八五) • **二十三日**=韓國美術五千年展 日本 도쿄에서 개막(一九七六) • **二十五日**=北韓軍조종사 李雄平上尉、미그十九機 몰고 휴전선 넘어 귀순(一九八三) •제十七대 이명박 대통령 취임(二〇〇八) •제十八대 박근혜 대통령 취임(二〇十三) • **二十六日**=한국 테니스팀이 스포츠 사상 최초로 중국에 입국(一九八四) •김연아 동계올림픽 피겨스케이팅에서 금메달(二〇十〇) • **二十七日**=율곡 이이 사망(一五八四) •政府、獨島領有權 성명(一九五三) • **二十九日**=女子탁구、西獨오픈 개인단식전에서 중국 꺾고 우승(一九七六)

삼일절 | 納稅者의 날 | 양둔중원 | 상공의 날

六白	二黑	四綠
五黃	七赤	九紫
一白	三碧	八白

三月大 三十一日

舊曆 自·二月十日 至·閏二月十日

평균기온
- 서울—三度六分
- 전주—五度○分
- 포항—六度一分
- 목포—五度九分
- 강릉—四度七分
- 대구—五度七分
- 부산—七度三分
- 제주—八度○分

陽曆	曜日	日出(午前) 日入(午後)	月出 月入	陰曆	干支	納音五行	二十八宿	二十神	九星	移徙周堂	婚姻周堂	行事宜日및忌日 吉神(凶神)	潮滿
一日	水	七時四分 / 六時二十五分	十二時二十五分 / 三時十三分	初十日	戊午	火	參	定	一白	利	姑	宜祭祀祈福會親友出行結婚移徙上樑 午時 造醬納畜 忌 求醫療病 時德 民日 三合 天馬 (死氣 白虎)	午子
二日	木	七時三分 / 六時二十六分	十三時十七分 / 四時六分	十一日	己未	火	井	執	二黑	天	堂	宜捕捉取魚 忌 結婚 求醫療病 修倉庫 開市 立券 交易 納財 開倉庫 出貨財 納財 栽種 納畜 破土 安葬 敬安 玉堂 (小耗 八專)	未丑
三日	金	七時二分 / 六時二十七分	十四時十三分 / 四時五十三分	十二日	庚申	木	鬼	破	三碧	害	翁	諸事不宜 吉神 驛馬 天后 普護 解神 除神 鳴吠 凶神 大耗 四廢 五離 八專 天牢 伏斷日	未丑
四日	土	七時○分 / 六時二十八分	十五時十三分 / 五時三十三分	十三日	辛酉	木	柳	危	四綠	殺	第	諸事不宜 吉神 月德合 陰德 福生 除神 鳴吠 凶神 天吏 致死 四廢 五虛 五離 元武 三陰 月破日 天賊日	未丑
五日	㊐	六時五十九分 / 六時二十九分	十六時十三分 / 六時七分	十四日	壬戌	水	星	成	五黃	富	竈	宜祭祀祈福會親友上樑 午時 造醬交易安葬 忌 出行 結婚 移徙 求醫療病 栽種 天德合 月空 (月厭 地火) 月忌日	申寅
六日	月	六時五十七分 / 六時三十分	十七時十四分 / 六時三十六分	十五日	癸亥	水	張	成	六白	師	婦	宜沐浴 忌 破土 安葬 母倉 三合 臨日 天喜 天醫 (重日 元武)	申寅
驚蟄 五時三十六分 舊二月節												晝十一時間二十九分 夜十二時間三十一分 乙卯月建 太陽到臨 癸·乙丙丁三奇 震巽中	
七日	火	○望二十一時四十分		十六日	甲子	金	翼	收	七赤	災	廚	宜祭祀 忌 祈福 告祀 會親友 出行 結婚 移徙 求醫療病 動土 上樑 造醬 安葬 月德 天恩 母倉 陽德 司命 (月刑 大時 大敗 咸池 四忌 八龍) 天罡日	酉卯
八日	水	六時五十五分 / 六時三十二分	十九時十四分 / 七時二十五分	十七日	乙丑	金	軫	開	八白	安	夫	宜祭祀祈福會親友移徙求醫療病上樑 巳時 納畜 忌 立券 交易 伐木 栽種 安葬 天恩 時陽 (五虛 九空) 大空亡	酉卯
九日	木	六時五十三分 / 六時三十三分	二十時十四分 / 七時四十八分	十八日	丙寅	火	角	閉	九紫	利	姑	宜造醬交易栽種破土 忌 祭祀 祈福 告祀 會親友 出行 結婚 移徙 求醫療病 上樑 天恩 四相 王日 五富 不將 (遊禍 血支 歸忌)	酉卯
十日	金	六時五十二分 / 六時三十四分	二十一時十六分 / 八時十一分	十九日	丁卯	火	亢	建	一白	天	堂	宜祭祀祈福告祀出行結婚移徙求醫療病上樑 午時 忌 動土 破屋 伐木 栽種 破土 天恩 月恩 四相 (月建 小時)	戊辰
十一日	土	六時五十分 / 六時三十五分	二十二時二十分 / 八時三十五分	二十日	戊辰	木	氐	除	二黑	害	翁	宜出行沐浴大淸掃 忌 祈福 告祀 會親友 結婚 求醫療病 造醬 開市 立券 交易 納畜 破土 安葬 天恩 守日 吉期 (月害 天刑) 수사일	戊辰
十二日	㊐	六時四十九分 / 六時三十六分	二十三時二十七分 / 九時二分	廿一日	己巳	木	房	滿	三碧	殺	第	宜祭祀祈福告祀結婚上樑 午時 交易 忌 出行 移徙 求醫療病 動土 破屋 栽種 月德合 相日 驛馬 (五虛 大煞 重日) 伏斷日	戊辰
十三日	月	六時四十七分 / 六時三十七分	九時三十四分	廿二日	庚午	土	心	平	四綠	富	竈	宜祭祀 忌 祈福 告祀 會親友 出行 結婚 移徙 求醫療病 動土 上樑 造醬 交易 栽種 破土 安葬 月空 時德 民日 益後 金匱 (河魁 死神 天吏 致死)	亥巳
十四日	火	六時四十六分 / 六時三十八分	○時三十六分 / 十時十三分	廿三日	辛未	土	尾	定	五黃	師	婦	宜祭祀祈福會親友結婚動土上樑 巳時 立券交易 忌 求醫療病 造醬 栽種 針刺 陰德 三合 (死氣 血忌) 月忌日	亥巳
十五日	水	◑下弦十一時八分		廿四日	壬申	金	箕	執	六白	災	廚	宜沐浴大淸掃 忌 祈福 告祀 會親友 出行 結婚 移徙 求醫療病 動土 上樑 造醬 交易 破屋 栽種 安葬 天馬 要安 解神 (劫煞 小耗 五離)	亥巳
十六日	木	六時四十三分 / 六時四十分	二時五十二分 / 十二時一分	廿五日	癸酉	金	斗	破	七赤	安	夫	諸事不宜 吉神 玉宇 除神 玉堂 鳴吠 凶神 大耗 災煞 天火 月厭 地火 五虛 五離 月破日 天賊日	午子

閏二月小

물의 날

기상의 날

陽曆	曜日	日出	日入	月出	月入	陰曆	干支	納音	宿	十二直	九星			宜忌	吉神·凶神	時
十七日	金	六時四十一分	六時四十分	三時五十一分	十三時十分	廿六日	甲戌	火	牛	危	八白	利	姑	宜祭祀祈福告祀會親友出行結婚移徙上樑 時巳 造醬安葬	月德 天願 六合 金堂 (月煞 月虛 四擊) 大空亡	未丑
十八日	土	六時四十分	六時四十一分	四時四十二分	十四時二十五分	廿七日	乙亥	火	女	成	九紫	天	堂	宜會親友出行移徙求醫療病上樑 時午 造醬 忌 結婚 立券 交易 破土 安葬	母倉 三合 (四窮 復日 重日) 大空亡	未丑
十九日	㉐	六時三十八分	六時四十二分	五時二十四分	十五時四十三分	廿八日	丙子	水	虛	收	一白	害	翁	諸事不宜	吉神 母倉 四相 陽德 不將 司命 鳴吠對 凶神 月刑 大時 大敗 咸池 觸水龍 伏斷日 天罡日	未丑
二十日	月	六時三十七分	六時四十三分	五時五十九分	十六時五十九分	廿九日	丁丑	水	危	開	二黑	殺	第	宜祭祀祈福會親友結婚移徙動土上樑 時巳 納畜 忌 開市 交易 伐木 栽種 取魚	月恩 四相 時陽 (五虛 八風)	申寅
二十一日	火	六時三十五分	六時四十四分	六時二十九分	十八時十二分	三十日	戊寅	土	室	閉	三碧	富	竈	宜築堤防造醬立券交易納財栽種安葬 忌 祭祀 祈福 告祀 移徙 求醫療病 取魚	天赦 王日 五富 (遊禍 血支) 伏斷日	申寅
春分 六時二十四分	舊二月中	晝十二時間九分 夜十一時間五十一分	太陽到臨 戌· 乙丙丁三奇 兌艮離													
二十二日	水	● 合朔二時二十三分				初一日	己卯	土	壁	建	四綠	天	婦	諸事不宜	吉神 月德合 天恩 官日 六儀 福生 五合 明堂 凶神 月建 小時 土府 厭對 招搖 小會	酉卯
二十三日	木	六時三十二分	六時四十六分	七時二十四分	二十時三十五分	初二日	庚辰	金	奎	除	五黃	利	竈	宜出行沐浴大清掃 忌 祈福 告祀 會親友 結婚 求醫療病 造醬 開市 立券 交易 納畜 安葬	月空 天恩 守日 吉期 (月害 天刑) 수사일	酉卯
二十四日	金	六時三十一分	六時四十七分	七時五十一分	二十一時四十四分	初三日	辛巳	金	婁	滿	六白	安	第	宜祭祀祈福會親友立券交易 忌 出行 結婚 移徙 求醫療病 動土 造醬 安葬	天恩 相日 驛馬 福德 (五虛 大煞 往亡 重日)	酉卯
二十五日	土	六時二十九分	六時四十八分	八時二十一分	二十二時五十三分	初四日	壬午	木	胃	平	七赤	災	翁	宜祭祀 忌 祈福 告祀 會親友 出行 結婚 移徙 求醫療病 動土 上樑 造醬 交易 栽種 破土 安葬	天恩 時德 民日 益後 金匱 (河魁 死神 天吏 致死)	戌辰
二十六日	㉐	六時二十八分	六時四十九分	八時五十四分	二十三時五十九分	初五日	癸未	木	昴	定	八白	師	堂	宜祭祀祈福會親友結婚動土上樑 時巳 造醬交易 忌 求醫療病 乘船渡水 栽種	陰德 (死氣) 月忌日 大空亡	戌辰
二十七日	月	六時二十六分	六時五十分	九時三十三分		初六日	甲申	水	畢	執	九紫	富	姑	宜祭祀沐浴大清掃 忌 求醫療病 修倉庫 開市 立券 交易 納財 開倉庫 畋獵 取魚	月德 天馬 要安 解神 (劫煞 小耗 五離) 大空亡	戌辰
二十八日	火	六時二十五分	六時五十一分	十時十七分	一時二分	初七日	乙酉	水	觜	破	一白	殺	夫	諸事不宜	吉神 玉宇 除神 玉堂 鳴吠 凶神 大耗 災煞 天火 月厭 地火 五虛 五離 伏斷 月破 天賊日 大空亡	亥巳
二十九日	水	◐ 上弦十一時三十二分				初八日	丙戌	土	參	危	二黑	害	廚	宜祭祀取魚 忌 求醫療病	四相 六合 不將 金堂 (月煞 月虛 四擊 天牢)	亥巳
三十日	木	六時二十二分	六時五十二分	十二時三分	二時四十九分	初九日	丁亥	土	井	成	三碧	天	婦	宜祭祀祈福會親友出行結婚移徙上樑 時巳 造醬交易 忌 破土 安葬	母倉 月恩 四相 三合 (重日 元武)	亥巳
三十一日	金	六時二十分	六時五十三分	十三時二分	三時三十二分	初十日	戊子	火	鬼	收	四綠	利	竈	諸事不宜	吉神 母倉 陽德 司命 凶神 月刑 大時 大敗 咸池 天罡日	午子

농사 메모

• **벼농사**=①보온 절충못자리 설치용 자재준비。②일모작 논에 퇴비를 헤쳐넣고 논갈이 실시 또는 퇴비사 정비。 • **밭농사**=①보리밭 웃거름(인분뇨 등) 주기。②보리밭흙넣기와 마지막 밟기。③고구마 온상설치。 • **경제작물**=①논감자 재배를 하기 위하여 냉상에 파종(중순 이전에 완료할 것)。②월동채소 추비。 • **축산**=①닭에 예방주사。②병아리 기르기。③돼지콜레라 예방주사 놓기。④논 뒷그루 사료작물 파종。 • **잠업**=①뽕나무 재배용 묘목준비。②뽕나무 봄거름(질소·인산질·칼리질 배합)。

이달의 主要略史

• **一日**=三·一 독립운동(一九一九) • 부산~신의주 복선철도 준공(一九四五) • **三日**=정부 가정의례준칙 공포(一九六九) • 전두환씨 제十二대 대통령 취임으로 제五공화국 출범(一九八一) • 주5일제 전면 시행(二〇十二) • **四日**=뉴델리에서 제1회 아시아체육대회 개최(一九五一) • **九日**=咸白線 개통(一九五七) • **十一日**=법정 스님 입적(二〇十〇) • **十二日**=韓美 FTA 8차 협상 종료(二〇〇七) • **十五日**=중앙선 개통(一九四二) • 제4대 정부통령 선거(一九六〇)、이날의 부정선거로 마산학생 의거 • 정부 상징 디자인 태극 마크로 변경(二〇十六) • **十七日**=상해에서 대한민국 임시정부 수립을 선포(一九一九)、이날부터 대한민국 연호 사용。 • **二十一日**=동학혁명 일어남(一八九四) • **二十二日**=윤보선씨 대통령직 사임(一九六二) • 삼일고가도로 개통(一九六〇) • **二十三日**=공항철도 1단계 구간 개통(二〇〇七) • **二十四日**=제十四대 국회의원 선거(一九九二) • **二十六日**=安重根 의사 여순 감옥에서 殉國(一九一〇) • 인천 영종대교 개통(一九九九) • 천안함 침몰(二〇十〇) • **二十九日**=인천국제공항 개항(二〇〇一)

四月小 三十日

舊曆 自・閏二月十一日 至・三月十一日

五黃	一白	三碧
四綠	六白	八白
九紫	二黑	七赤

陽曆	曜日	日出(午前)	日入(午後)	月出	月入	陰曆	干支	納音五行	二十八宿	二十神	九星	移徙周堂	婚姻周堂	行事宜日및忌日 吉神(凶神)	潮滿	記念日
一日	土	六時十九分	六時五十四分	十四時三分	四時八分	十一日	己丑	火	柳	開	五黃	安	第	宜祭祀祈福會親友結婚移徙動土上樑 時巳 納畜 忌 伐木 取魚 乘船渡水 栽種 月德合 時陽 (五虛 九空)	未丑	
二日	㊐	六時十七分	六時五十五分	十五時三分	四時三十八分	十二日	庚寅	木	星	閉	六白	災	翁	宜造醬交易栽種破土 忌 祭祀 祈福 告祀 會親友 出行 結婚 移徙 求醫療病 上樑 月空 王日 五富 不將 普護 五合 (遊禍 血支 歸忌)	未丑	
三日	月	六時十六分	六時五十六分	十六時四分	五時五分	十三日	辛卯	木	張	建	七赤	師	堂	宜祭祀會親友出行交易 忌 祈福 告祀 結婚 求醫療病 動土 上樑 造醬 破屋 伐木 栽種 安葬 官日 六儀 福生 (月建 小時 土府)	未丑	
四日	火	六時十四分	六時五十七分	十七時四分	五時二十九分	十四日	壬辰	水	翼	除	八白	富	姑	宜出行沐浴大清掃 忌 祈福 告祀 會親友 結婚 求醫療病 造醬 立券 交易 破土 納畜 安葬 守日 吉期 (月害 大刑) 수사일 月忌日 大空亡	申寅	
五日	水	六時十三分	六時五十八分	十八時五分	五時五十二分	十五日	癸巳	水	軫	除	九紫	殺	夫	宜沐浴大清掃 忌 祈福 告祀 會親友 出行 結婚 移徙 求醫療病 動土 上樑 安葬 陰德 相日 吉期 五富 金堂 明堂 (劫煞 五虛 重日) 大空亡	申寅	植木日
六日	木	○望十三時三十五分				十六日	甲午	金	角	滿	一白	害	廚	宜祭祀 忌 祈福 告祀 會親友 出行 結婚 移徙 求醫療病 動土 上樑 造醬 交易 栽種 安葬 時德 民日 天巫 福德 (災煞 天火 大煞) 伏斷日 大空亡	酉卯	寒食
七日	金	六時十分	七時〇分	二十時十一分	六時三十九分	十七日	乙未	金	亢	平	二黑	天	婦	諸事不宜 凶神 死神 月煞 月虛 朱雀	酉卯	豫備軍의 날 保健의 날
八日	土	六時八分	七時一分	二十一時十八分	七時五分	十八日	丙申	火	氐	定	三碧	利	竈	宜祭祀沐浴大清掃 忌 祈福 告祀 會親友 出行 結婚 移徙 求醫療病 上樑 造醬 交易 安葬 月空 四相 三合 臨日 (月厭 地火 死氣 往亡)	酉卯	
九日	㊐	六時七分	七時一分	二十二時二十七分	七時三十六分	十九日	丁酉	火	房	執	四綠	安	第	宜祭祀祈福出行結婚移徙求醫療病上樑 時午 造醬安葬 忌 會親友 動土 天德合 (大時) 月破日 天賊日	戌辰	
十日	月	六時五分	七時二分	二十三時三十八分	八時十三分	二十日	戊戌	木	心	破	五黃	災	翁	宜祭祀求醫療病破屋 忌 祈福 會親友 出行 結婚 移徙 動土 上樑 造醬 安葬 天馬 福生 解神 (大耗 四擊 九空 九坎 九焦 復日)	戌辰	
十一日	火	六時四分	七時三分		八時五十九分	廿一日	己亥	木	尾	危	六白	師	堂	宜沐浴取魚栽種納畜 忌 祈福 告祀 出行 求醫療病 修倉庫 開倉庫 出貨財 破土 安葬 母倉 不將 玉堂 (遊禍 重日)	戌辰	臨時政府樹立記念日
十二日	水	六時二分	七時四分	〇時四十五分	九時五十四分	廿二日	庚子	土	箕	成	七赤	富	姑	宜祭祀祈福告祀出行結婚求醫療病動土上樑 時午 造醬交易 忌 移徙 母倉 月恩 (歸忌 天牢) 天罡日	亥巳	
十三日	木	◑下弦十八時十一分				廿三日	辛丑	土	斗	收	八白	殺	夫	宜祭祀納財納畜 忌 祈福 告祀 會親友 出行 結婚 移徙 求醫療病 動土 上樑 造醬 開市 交易 安葬 益後 (河魁 五虛 元武) 伏斷日 月忌日	亥巳	
十四日	金	六時〇分	七時六分	二時三十九分	十二時十一分	廿四日	壬寅	金	牛	開	九紫	害	廚	宜會親友出行結婚移徙求醫療病上樑 時巳 交易 忌 祭祀 伐木 取魚 天德 月德 (厭對 招搖 血忌) 大空亡	亥巳	
十五日	土	五時五十八分	七時七分	三時二十二分	十三時二十六分	廿五日	癸卯	金	女	閉	一白	天	婦	宜補垣塞穴 忌 祈福 會親友 出行 結婚 移徙 求醫療病 動土 上樑 造醬 交易 納畜 安葬 官日 要安 五合 (月害 天吏 致死 血支) 伏斷日 大空亡	午子	
十六日	㊐	五時五十七分	七時八分	三時五十八分	十四時四十分	廿六日	甲辰	火	虛	建	二黑	利	竈	忌 祈福 會親友 出行 結婚 移徙 求醫療病 動土 上樑 造醬 開市 交易 栽種 納畜 破土 安葬 守日 玉宇 靑龍 (月建 小時 土府 月刑 陽錯) 수사일	未丑	

清明 十時十三分 舊三月節

晝十二時間四十五分 夜十一時間十五分

丙辰月建 太陽到臨 辛・乙丙丁三奇 兌艮離

평균기온

- 서울 — 十度五分
- 전주 — 十一度三分
- 포항 — 十二度一分
- 목포 — 十一度五分
- 강릉 — 十一度五分
- 대구 — 十二度一分
- 부산 — 十二度五分
- 제주 — 十二度三分

陽曆	曜日	日出·日入	月出·月入	陰曆	日辰	納音	宿	建除	九星			宜	忌	吉神·凶神	時	記念日
十七日	月	五時五十五分 七時九分	四時二十九分 十五時五十三分	廿七日	乙巳	火	危	除	三碧	安	第	宜沐浴大清掃	忌 祈福 告祀 會親友 出行 結婚 移徙 求醫療病 動土 上樑 安葬	陰德 相日 吉期 五富 金堂 明堂 (劫煞 五虛 重日)	未丑	土王用事
十八日	火	五時五十四分 七時十分	四時五十七分 十七時三分	廿八日	丙午	水	室	滿	四綠	災	翁	宜祭祀	忌 祈福 告祀 會親友 出行 結婚 移徙 求醫療病 動土 上樑 造醬 交易 栽種 安葬	月空 四相 時德 民日 天巫 福德 (災煞 天火 大煞 天刑)	未丑	
十九日	水	五時五十三分 七時十分	五時二十三分 十八時十三分	廿九日	丁未	水	壁	平	五黃	師	堂	宜祭祀	忌 祈福 告祀 會親友 出行 結婚 移徙 求醫療病 動土 上樑 造醬 交易 立券 破屋 栽種 安葬	天德合 月德合 四相 (死神 月煞 月虛 八專)	申寅	四·九革命記念日
二十日	木	●合朔十三時十三分		初一日	戊申	土	奎	定	六白	安	夫	宜沐浴大清掃	忌 祈福 會親友 出行 結婚 移徙 求醫療病 動土 上樑 造醬 安葬	三合 臨日 時陰 敬安 除神 (月厭 地火 死氣 往亡 復日 五離)	酉卯	三月大 障碍人의날

穀雨 十七時十四分 舊三月中

晝十三時間二十分 夜十時間四十分

太陽到臨 酉· 乙丙丁三奇 兌艮離

陽曆	曜日	日出·日入	月出·月入	陰曆	日辰	納音	宿	建除	九星			宜	忌	吉神·凶神	時	記念日
二十一日	金	五時五十分 七時十二分	六時十八分 二十時三十二分	初二日	己酉	土	婁	執	七赤	利	姑	宜祭祀祈福結婚求醫療病造醬大清掃安葬	忌 會親友 動土 立券 交易 栽種	天恩 六合 不將 (大時 大敗 咸池)	酉卯	科學의날
二十二日	土	五時四十九分 七時十三分	六時四十九分 二十一時四十分	初三日	庚戌	金	胃	破	八白	天	堂	宜祭祀求醫療病	忌 祈福 告祀 會親友 出行 結婚 移徙 動土 上樑 造醬 安葬	天恩 月恩 天馬 福生 (大耗 四擊 九空 九坎) 伏斷日 月破日	酉卯	三辰日 情報通信의날
二十三日	㊐	五時四十七分 七時十四分	七時二十六分 二十二時四十六分	初四日	辛亥	金	昴	危	九紫	害	翁	宜會親友沐浴取魚栽種納畜	忌 祈福 告祀 出行 求醫療病 造醬 破土 安葬	天恩 母倉 玉堂 (遊禍 重日) 수사일	戌辰	
二十四日	月	五時四十六分 七時十五分	八時八分 二十三時四十七分	初五日	壬子	木	畢	成	一白	殺	第	宜祭祀祈福會親友結婚求醫療病上樑時午造醬安葬	忌 移徙 取魚	天德 月德 (四耗) 月忌日 大空亡	戌辰	
二十五日	火	五時四十五分 七時十六分	八時五十七分	初六日	癸丑	木	觜	收	二黑	富	竈	宜祭祀納畜	忌 祈福 告祀 會親友 出行 結婚 移徙 求醫療病 動土 上樑 造醬 開市 交易 安葬	天恩 益後 (河魁 五虛 八專 觸水龍 元武)	戌辰	法의날
二十六日	水	五時四十四分 七時十七分	九時五十二分 ○時四十一分	初七日	甲寅	水	參	開	三碧	師	婦	宜會親友出行移徙求醫療病動土上樑時巳交易	忌 祭祀 結婚 伐木 取魚	陽德 王日 (厭對 招搖) 天賊日	亥巳	
二十七日	木	五時四十二分 七時十八分	十時五十分 一時二十八分	初八日	乙卯	水	井	閉	四綠	災	廚	宜補垣塞穴	忌 祈福 告祀 會親友 出行 結婚 移徙 求醫療病 動土 上樑 造醬 交易 納畜 安葬	官日 要安 五合 鳴吠 (月害 天吏 致死 血支)	亥巳	
二十八日	金	◐上弦六時二十分		初九日	丙辰	土	鬼	建	五黃	安	夫	宜祭祀	忌 祈福 會親友 出行 結婚 移徙 求醫療病 動土 上樑 造醬 開市 交易 納畜 破土 安葬	月空 四相 守日 玉宇 (月建 小時 土府 月刑)	亥巳	충무공탄신일
二十九日	土	五時四十分 七時二十分	十二時五十一分 二時三十九分	初十日	丁巳	土	柳	除	六白	利	姑	宜祭祀祈福會親友結婚移徙動土上樑時午造醬	忌 出行 求醫療病 畋獵 取魚	天德合 四相 (劫煞 五虛 重日)	午子	
三十日	㊐	五時三十九分 七時二十一分	十三時五十一分 三時七分	十一日	戊午	火	星	滿	七赤	天	堂	宜祭祀	忌 祈福 告祀 會親友 出行 結婚 移徙 求醫療病 動土 上樑 造醬 開市 立券 交易 栽種 安葬	時德 民日 天巫 (災煞 天火 大煞 復日 天刑)	未丑	

사모 농메

• **벼농사** = ①수리 안전답에는 보온절충 및 보온간이절충 못자리 설치。②본답 一〇a당 十五평 이상 못자리면적을 확보하여 평당 2·7홉 정도 박파 실시。③부락 공동으로 볍씨 소독(메르크론 천배액)。• **밭농사** = ①보리밭에 마지막 웃거름 주기。②논보리 배수구 정비。③옥수수 심기。④콩종자 소독。• **경제작물** = ①4월 5일 이전에 논감자 심기 완료。②온상내 모종굳히기를 하고 터널내부 정식 완료。③과수의 묘목식재。• **축산** = ①가축 체내의 기생충 구제。②꿀벌의 방한시설 철거 및 밀원식물 식재。• **잠업** = ①뽕나무 봄거름 주기。②뽕나무 묘목을 퇴비를 넣고 식재。③뽕나무 「애바구미」 방제(BHC 살포)。

이달의 主要略史

• **一日** = 여의도비행장 개항(一九二九) • 향토예비군 창설(一九六八) • KTX 개통(二〇〇三) • **三日** = 제주四·三사건발생(一九四八) • 농지개혁(一九五〇) • **六日** = 巨濟大橋 개통(一九七一) • **七日** = 독립신문 창간(一八九六) • **八日** = 서울 전차 개통(一八九九) • 와우아파트 붕괴(一九七〇) • **十日** = 종로에 첫 전등불 들어옴(一九〇〇) • 한국여자탁구팀 세계 제패(一九七三) • **十一日** = 제十五대 국회의원 선거(一九九六) • 대한민국 최초의 우주인인 이소연이 탄 우주선이 국제우주 정거장과 도킹에 성공(二〇〇八) • 제十九대 총선 투표 실시(二〇十二) • **十二日** = 서울지하철 제1호선 起工(一九七一) • **十三日** = 대한민국 임시정부 수립(一九一九)

• 제十六대 국회의원 선거(二〇〇〇) • **十四日** = 세종문화회관 개관(一九七八) • **十六日** = 전남 진도에서 세월호 침몰(二〇十四) • **十九日** = 보스턴 마라톤대회에서 서윤복씨 우승(一九四七) • 三·一五 부정선거를 규탄하는 학생시위가 일어남, 四·一九 혁명기념일로 지정(一九六〇) • **二十日** = 조선산업박람회 개최(一九三五) • **二十二日** = 신거제대교 개통(一九九九) • **二十六日** = 부정선거에 의한 학생시위로 이승만씨 대통령직 사퇴 성명(一九六〇) • 제十三대 국회의원 선거(一九八八) • **二十七日** = 증권시장 공영화(一九六三) • 제7대 대통령 선거, 박정희 후보 당선(一九七一) • 남북정상회담(二〇十八) • **二十九日** = 금성호흡기증후군(사스) 출현(二〇〇三)

四綠	九紫	二黑
三碧	五黃	七赤
八白	一白	六白

五月大 三十一日

舊曆 自·三月十二日 至·四月十二日

陽曆	曜日	日出(午前) 日入(午後)	月出 月入	陰曆	干支	納音五行	二十八宿	十二神	九星	移徙周堂	婚姻周堂	行事宜日및忌日 吉神 (凶神)	潮滿
一日 (勤勞者의 날)	月	五時三十八分 七時二十一分	十四時五十一分 三時三十二分	十二日	己未	火	張	平	八白	害	翁	諸事不宜 凶神 死神 月煞 月虛 八事 朱雀 伏斷日 天罡日	未丑
二日	火	五時三十六分 七時二十二分	十五時五十一分 三時五十五分	十三日	庚申	木	翼	定	九紫	殺	第	宜祭祀沐浴大清掃 忌 祈福 告祀 會親友 出行 結婚 移徙 求醫療病 上樑 造醬 交易 安葬 月恩 三合 臨日 (月厭 地火 死氣 往亡)	未丑
三日	水	五時三十五分 七時二十三分	十六時五十二分 四時十七分	十四日	辛酉	木	軫	執	一白	富	竈	宜祭祀沐浴大清掃 忌 祈福 告祀 會親友 出行 結婚 移徙 求醫療病 上樑 造醬 交易 安葬 六合 普護 除神 (大時 大敗 咸池) 月忌日	申寅
四日	木	五時三十四分 七時二十四分	十七時五十六分 四時四十一分	十五日	壬戌	水	角	破	二黑	師	婦	宜祭祀求醫療病破屋 忌 祈福 會親友 出行 結婚 移徙 動土 上樑 造醬 安葬 天德 月德 天馬 (大耗 四擊 九空 九坎 九焦) 月破日	申寅
五日 (어린이날)	金	五時三十三分 七時二十五分	十九時三分 五時六分	十六日	癸亥	水	亢	危	三碧	災	廚	宜沐浴 忌 祈福 告祀 出行 求醫療病 修倉庫 開倉庫 出貨財 破土 安葬 母倉 玉堂 (遊禍 重日) 수사일	酉卯
六日 (양둔하원)	土	○望二時三十四分		十七日	甲子	金	氐	危	四綠	安	夫	宜會親友沐浴 忌 祈福 出行 結婚 移徙 求醫療病 動土 上樑 開市 立券 交易 栽種 納畜 月空 天恩 天馬 不將 (天吏 致死 五虛 白虎)	酉卯
七日	㊐	五時三十一分 七時二十七分	二十一時二十五分 六時十一分	十八日	乙丑	金	房	成	五黃	利	姑	宜祭祀祈福會親友出行結婚求醫療病上樑 時巳 安葬 忌 移徙 栽種 月德合 (厭對 招搖) 大空亡	酉卯
八日 (어버이날)	月	五時三十分 七時二十八分	二十二時三十六分 六時五十四分	十九日	丙寅	火	心	收	六白	天	堂	宜會親友出行結婚移徙上樑 時巳 納畜 忌 祭祀 求醫療病 動土 破屋 取魚 栽種 天德合 天恩 母倉 (劫煞 復日) 天賊日	戌辰
九日	火	五時二十九分 七時二十九分	二十三時四十一分 七時四十八分	二十日	丁卯	火	尾	開	七赤	害	翁	宜祭祀入學 忌 剃頭 求醫療病 造醬 經絡 穿井 伐木 畋獵 取魚 天恩 母倉 陰德 時陽 生氣 普護 五合 (災煞 天火 元武)	戌辰
十日	水	五時二十八分 七時三十分	八時五十一分	廿一日	戊辰	木	箕	閉	八白	殺	第	諸事不宜 吉神 天恩 四相 時德 陽德 福生 司命 凶神 月煞 月虛 血支 五虛 絶陰 伏斷日	戌辰
十一日	木	五時二十七分 七時三十分	○時三十七分 十時二分	廿二日	己巳	木	斗	建	九紫	富	竈	諸事不宜 吉神 月恩 四相 王日 凶神 月建 小時 土府 重日 勾陳 小會 純陽 陽錯	亥巳
十二日	金	◑下弦二十三時二十八分		廿三日	庚午	土	牛	除	一白	師	婦	宜祭祀祈福告祀出行結婚移徙求醫療病上樑 時午 安葬 忌 取魚 月德 官日 (大時 大敗) 月忌日	亥巳
十三日	土	五時二十五分 七時三十二分	二時○分 十二時三十分	廿四日	辛未	土	女	滿	二黑	災	廚	宜祭祀 忌 出行 結婚 移徙 求醫療病 造醬 伐木 畋獵 取魚 乘船渡水 栽種 天德 守日 天巫 福德 益後 (月厭 地火 九空 九坎 大煞) 天罡日	亥巳
十四日	㊐	五時二十四分 七時三十三分	二時三十二分 十三時四十一分	廿五日	壬申	金	虛	平	三碧	安	夫	宜祭祀沐浴大清掃 忌 祈福 告祀 出行 求醫療病 築堤防 動土 上樑 破屋 相日 六合 五富 續世 (河魁 死神 月刑 遊禍 五虛 天刑)	午子
十五日 (스승의 날 성년의 날)	月	五時二十三分 七時三十四分	三時○分 十四時五十一分	廿六日	癸酉	金	危	定	四綠	利	姑	宜出行結婚移徙動土上樑 時午 造醬交易安葬 忌 會親友 求醫療病 栽種 民日 三合 時陰 (死氣 五離)	未丑
十六日	火	五時二十三分 七時三十五分	三時二十六分 十五時五十九分	廿七日	甲戌	火	室	執	五黃	天	堂	宜沐浴求醫療病 忌 出行 修倉庫 開市 立券 交易 納財 開倉庫 出貨財 月空 不將 玉宇 解神 金匱 (小耗) 月破日 大空亡	未丑

立夏 三時十九分 舊四月節

晝十三時間五十四分 夜十時間六分

丁巳月建 太陽到臨 庚· 乙丙丁三奇 艮離坎

평균기온

서울－十六度三分 · 전주－十六度八分 · 포항－十六度八分 · 목포－十六度五分

강릉－十六度七分 · 대구－十七度六分 · 부산－十六度七分 · 제주－十六度二分

小滿 十六時九分 舊四月中

晝十四時間二十分 夜九時間四十分

太陽到臨 申· 乙丙丁三奇 艮離坎

四月小

紀念日	日	曜	日出/日沒	月出/月沒	陰曆	日辰	納音	宿	十二直	九星	吉凶	周堂	宜忌	時
	十七日	水	五時二十二分 / 七時三十六分	三時五十一分 / 十七時七分	廿八日	乙亥	火	壁	破	六白	害	翁	宜祭祀沐浴 忌 祈福 會親友 出行 結婚 移徙 求醫療病 動土 上樑 造醬 安葬 月德合 驛馬 天后 天倉 金堂 (大耗 往亡 重日)수사 伏斷日 大空亡	未丑
五·一八民主化運動記念日	十八日	木	五時二十一分 / 七時三十七分	四時十八分 / 十八時十五分	廿九日	丙子	水	奎	危	七赤	殺	第	宜祭祀祈福告祀會親友出行移徙動土上樑 時午 忌 結婚 求醫療病 取魚 安葬 天德合 天馬 (天吏 致死 四忌)	申寅
발명의 날	十九日	金	五時二十分 / 七時三十七分	四時四十八分 / 十九時二十三分	三十日	丁丑	水	婁	成	八白	富	竈	宜會親友出行結婚求醫療病動土上樑 時巳 造醬交易 忌 移徙 取魚 乘船渡水 三合 臨日 (厭對 招搖)	申寅
四月小	二十日	土	●合朔零時五十三分		初一日	戊寅	土	胃	收	九紫	天	婦	宜捕捉 忌 祭祀 祈福 會親友 出行 結婚 移徙 求醫療病 動土 上樑 造醬 破土 立券 交易 安葬 母倉 四相 敬安 五合 (劫煞 月害 土符 天牢) 天罡日	酉卯
부부의 날	二十一日	㊐	五時十九分 / 七時三十九分	六時一分 / 二十一時三十四分	初二日	己卯	土	昴	開	一白	利	竈	宜祭祀入學 忌 求醫療病 築堤防 動土 修倉庫 破屋 伐木 取魚 栽種 破土 安葬 天恩 母倉 月恩 四相 陰德 時陽 生氣 (災殺 天火 地囊 元武)	酉卯
	二十二日	月	五時十八分 / 七時四十分	六時四十八分 / 二十二時三十一分	初三日	庚辰	金	畢	閉	二黑	安	第	宜祭祀 忌 祈福 告祀 會親友 出行 結婚 移徙 求醫療病 動土 上樑 造醬 交易 栽種 破土 安葬 月德 天恩 時德 陽德 福生 (月殺 月虛 血支 五虛)	酉卯
	二十三日	火	五時十七分 / 七時四十一分	七時四十分 / 二十三時二十一分	初四日	辛巳	金	觜	建	三碧	災	翁	宜祭祀祈福會親友結婚移徙求醫療病上樑 時午 忌 出行 動土 造醬 栽種 破土 天德 天恩 (月建 小時) 수사일	戌辰
	二十四日	水	五時十七分 / 七時四十一分	八時三十八分	初五日	壬午	木	參	除	四綠	師	堂	宜祭祀祈福會親友出行沐浴求醫療病破土安葬 忌 開渠 天恩 官日 吉期 聖心 (大時 大敗 咸池) 月忌日	戌辰
방재의 날	二十五日	木	五時十六分 / 七時四十二分	九時三十八分 / ○時三分	初六日	癸未	木	井	滿	五黃	富	姑	宜祭祀 忌 祈福 告祀 會親友 出行 結婚 移徙 求醫療病 動土 上樑 造醬 交易 安葬 天恩 守日 天巫 福德 (月厭 地火 九空 九坎) 天賊日 大空亡	戌辰
	二十六日	金	五時十六分 / 七時四十三分	十時三十九分 / ○時三十八分	初七日	甲申	水	鬼	平	六白	殺	夫	宜祭祀沐浴大淸掃 忌 祈福 告祀 出行 求醫療病 築堤防 動土 上樑 乘船渡水 月空 相日 六合 五富 (河魁 死神 月刑 五虛) 伏斷日 大空亡	亥巳
부처님오신날	二十七日	土	五時十五分 / 七時四十四分	十一時三十九分 / 一時八分	初八日	乙酉	水	柳	定	七赤	害	廚	宜祭祀祈福出行結婚移徙上樑 時午 造醬安葬 忌 會親友 求醫療病 取魚 栽種 月德合 民日 (死氣 五離) 大空亡	亥巳
	二十八日	㊐	◐上弦零時二十二分		初九日	丙戌	土	星	執	八白	天	婦	宜祭祀祈福會親友 忌 出行 結婚 移徙 求醫療病 動土 上樑 交易 栽種 破土 安葬 天德合 不將 玉宇 解神 金匱 (小耗 五墓 復日)	亥巳
	二十九日	月	五時十四分 / 七時四十五分	十三時三十七分 / 一時五十七分	初十日	丁亥	土	張	破	九紫	利	竈	宜沐浴 忌 祈福 會親友 出行 結婚 移徙 求醫療病 動土 上樑 造醬 交易 安葬 驛馬 天后 天倉 不將 金堂 (大耗 四窮 往亡 重日) 月破日	午子
	三十日	火	五時十四分 / 七時四十六分	十四時三十七分 / 二時十九分	十一日	戊子	火	翼	危	一白	安	第	宜祭祀會親友沐浴 忌 祈福 告祀 出行 結婚 移徙 求醫療病 動土 上樑 交易 栽種 納畜 四相 天馬 不將 (天吏 致死 五虛 白虎)	未丑
바다의 날	三十一日	水	五時十三分 / 七時四十七分	十五時三十九分 / 二時四十二分	十二日	己丑	火	軫	成	二黑	災	翁	宜祭祀祈福會親友出行結婚求醫療病上樑 時巳 造醬 忌 移徙 取魚 乘船渡水 月恩 四相 (厭對 招搖)	未丑

농사메모

• **벼농사**＝①보온못자리 관리(비닐제거、추비사용、물관리、피사리) 및 병충해 방제。②모내기 전 밑거름。③五월 二〇~三〇일 사이에 모내기 완료。 • **밭농사**＝①보리・밀밭의 깜부기 제거。②고구마 심기、콩씨뿌리기。 • **경제작물**＝①살충제로 마늘밭 고자리 방제。②온상의 모종을 노지(露地)에 옮겨 심기。③오이・토마토 지주 세우기。 • **축산**＝①한우・돼지에 종부실시。②부화6주된 병아리에 계두예방 접종。 • **잠업**＝①누에 사육실의 습도・온도 등 환경을 알맞도록 맞추어 둔다。②어린누에 공동치기。

이달의 主要略史

• **一日**＝경부복선철도 개통(一九三六) • **二日**＝제4대 민의원 선거(一九五八) • **三日**＝제6대 대통령 선거(一九六七) • 문화재청 설립(一九九九) • **五日**＝어린이날 제정(一九四六) • 신익희 민주당 대통령 후보 이리에서 유세중 서거(一九五六) • 어린이헌장 선포(一九五七) • 어린이대공원 개원(一九七三) • **八日**＝어버이날로 제정(一九五六) • **九日**＝十九대 대통령 선거에서 문재인 대통령 당선(二〇十七) • **十日**＝二十대 윤석열 대통령 취임(二〇二二) • **十二日**＝남산 케이블카 운행(一九六二) • **十三日**＝흥사단 창립(一九九一) • **十五日**＝제3대 정부통령 선거、이승만씨 당선(一九五六) • **十七日**＝서대문 청량리간 전차 개통(一八九八) • **二十日**＝남로당 국회 프락치사건 적발(一九四九) • 중동호흡기 증후군(메르스) 국내 환자 처음 발생(二〇十五) • **二十二日**＝아산만 방조제 완공(一九七四) • **二十三日**＝노무현 전 대통령 서거(二〇〇九) • **二十四日**＝팔당댐 준공(一九七四) • **二十五日**＝제8대 국회의원 선거(一九七一) • **二十六日**＝개헌 파동(一九五二) • **三十日**＝한국 몽골간 정상회담 개최(一九九九) • **三十一日**＝제十七회 二〇〇二 피파 월드컵 개최 한국 4강 진출(二〇〇二)

六月小 三十日

舊曆 自·四月十三日 至·五月十三日

평균기온
- 서울 — 二十度八分
- 전주 — 二十度三分
- 포항 — 二十度一分
- 목포 — 二十度六分
- 강릉 — 十九度七分
- 대구 — 二十一度六分
- 부산 — 十九度八分
- 제주 — 二十度四分

三碧	八白	一白
二黑	四綠	六白
七赤	九紫	五黃

五日: 環境의 날 　六日: 顯忠日

陽曆	曜日	日出(午前) / 日入(午後)	月出 / 月入	陰曆	干支	納音五行	二十八宿	二十神	九星	移徙周堂	婚姻周堂	行事宜日 및 忌日 吉神 (凶神)	潮滿
一日	木	五時十三分 / 七時四十七分	十六時四十四分 / 三時六分	十三日	庚寅	木	角	收	三碧	師	堂	宜會親友出行結婚移徙上樑 時巳 交易納畜安葬 忌 祭祀 求醫療病 動土 栽種 月德 母倉 (劫煞) 天罡日	未丑
二日	金	五時十二分 / 七時四十八分	十七時五十三分 / 三時三十三分	十四日	辛卯	木	亢	開	四綠	富	姑	宜祭祀祈福會親友出行結婚移徙動土上樑 時午 交易 忌 求醫療病 造醬 伐木 天德 母倉 (災煞)月忌日	申寅
三日	土	五時十二分 / 七時四十九分	十九時五分 / 四時六分	十五日	壬辰	水	氐	閉	五黃	殺	夫	諸事不宜 吉神 時德 陽德 福生 司命 凶神 月煞 月虛 血支 五虛 大空亡	申寅
四日	㊐	○望十二時四十二分		十六日	癸巳	水	房	建	六白	害	廚	宜會親友裁衣 忌 祈福 告祀 出行 結婚 求醫療病 動土 上樑 破屋 伐木 安葬 王日 (月建 小時 土府 重日 勾陳) 伏斷日 수사일 大空亡	酉卯
五日	月	五時十一分 / 七時五十分	二十一時二十八分 / 五時三十六分	十七日	甲午	金	心	除	七赤	天	婦	宜祭祀祈福會親友出行結婚移徙求醫療病上樑 時午 安葬 月空 天赦 官日 吉期 (大時 大敗 咸池) 大空亡	酉卯
六日	火	五時十一分 / 七時五十分	二十二時二十九分 / 六時三十八分	十八日	乙未	金	尾	除	八白	利	竈	宜會親友出行結婚進入口造醬交易大清掃納畜安葬 忌 求醫療病 栽種 守日 吉期 (勾陳) 天賊日	酉卯
七日	水	五時十一分 / 七時五十一分	二十三時二十分 / 七時四十九分	十九日	丙申	火	箕	滿	九紫	安	第	宜祭祀祈福會親友出行結婚移徙求醫療病上樑 時巳 安葬 忌 畋獵 取魚 月德 相日 (五虛 五離)	戌辰
八日	木	五時十一分 / 七時五十二分	九時四分	二十日	丁酉	火	斗	平	一白	災	翁	宜沐浴大淸掃 忌 祈福 告祀 會親友 出行 結婚 移徙 求醫療病 上樑 造醬 安葬 民日 敬安 除神 明堂 鳴吠 (死神 天吏 致死 復日 五離)	戌辰
九日	金	五時十一分 / 七時五十二分	○時一分 / 十時二十分	廿一日	戊戌	木	牛	定	二黑	師	堂	宜祭祀祈福會親友出行結婚移徙動土上樑 時巳 造醬納畜 忌 求醫療病 栽種 月恩 四相 (死氣)	戌辰
十日	土	五時十分 / 七時五十三分	○時三十五分 / 十一時三十三分	廿二日	己亥	木	女	執	三碧	富	姑	宜祭祀 忌 祈福 告祀 會親友 出行 結婚 進人口 移徙 求醫療病 動土 上樑 造醬 立券 交易 栽種 破土 安葬 四相 五富 (劫煞 小耗 重日) 月破日	亥巳
十一日	㊐	◑下弦四時三十一分		廿三日	庚子	土	虛	破	四綠	殺	夫	諸事不宜 吉神 六儀 解神 金匱 鳴吠對 凶神 大耗 災煞 天火 厭對 招搖 五虛 伏斷日 月忌日	亥巳
十二日	月	五時十分 / 七時五十四分	一時三十分 / 十三時五十一分	廿四日	辛丑	土	危	危	五黃	害	廚	宜祭祀 忌 冠帶 求醫療病 造醬 畋獵 取魚 月德合 陰德 聖心 寶光 (月煞 月虛 月害 四擊)	亥巳
十三日	火	五時十分 / 七時五十四分	一時五十五分 / 十四時五十八分	廿五日	壬寅	金	室	成	六白	天	婦	宜會親友出行結婚求醫療病動土上樑 時巳 造醬 忌 祭祀 移徙 月空 母倉 三合 (大煞) 伏斷日 天罡日 大空亡	午子
十四日	水	五時十分 / 七時五十四分	二時二十一分 / 十六時五分	廿六日	癸卯	金	壁	收	七赤	利	竈	宜祭祀 忌 祈福 告祀 會親友 出行 結婚 移徙 求醫療病 動土 上樑 造醬 交易 安葬 母倉 續世 五合 玉堂 鳴吠對 (河魁 大時 大敗 咸池) 大空亡	未丑
十五日	木	五時十分 / 七時五十五分	二時四十九分 / 十七時十二分	廿七日	甲辰	火	奎	開	八白	安	第	宜祭祀祈福會親友出行結婚移徙求醫療病上樑 時巳 忌 動土 交易 伐木 破屋 時德 生氣 (五虛 九空)	未丑
十六日	金	五時十分 / 七時五十五分	三時二十一分 / 十八時十八分	廿八日	乙巳	火	婁	閉	九紫	災	翁	宜裁衣築堤防 忌 祈福 告祀 會親友 出行 結婚 移徙 求醫療病 動土 上樑 開市 出貨財 栽種 破土 安葬 王日 玉宇 (遊禍 血支 重日) 수사일	未丑

芒種 七時十八分 舊五月節

晝十四時間三十九分 夜九時間二十一分

戊午月建 太陽到臨 坤 · 乙丙丁三奇 艮離坎

五月大

端午 (二十二日) · 六·二五전쟁일 (二十五日) · 철도의 날 (二十八日)

日	曜	日出/日入	月出/月入	陰曆	日辰	納音	宿	建除	九星			宜忌	吉時
十七日	土	五時十分 / 七時五十六分	三時五十八分 / 十九時二十二分	廿九日	丙午	水	胃	建	一白	師	堂	諸事不宜 吉神 月德 陽德 官日 金堂 司命 鳴吠 凶神 月建 小時 土府 月刑 月厭 地火 土符 大會 陰陽俱錯	申寅
十八日	㊐	●合朔十三時三十七分		初一日	丁未	水	昴	除	二黑	安	夫	宜祭祀祈福告祀出行結婚移徙動土上樑 時巳 造醬交易 忌 求醫療病 天願 守日 吉期 (復日 八專)	酉卯
十九日	月	五時十一分 / 七時五十六分	五時三十二分 / 二十一時十五分	初二日	戊申	土	畢	滿	三碧	利	姑	宜祭祀祈福出行移徙求醫療病動土上樑 時巳 栽種 忌 會親友 結婚 立券 交易 月恩 四相 相日 (五虛)	酉卯
二十日	火	五時十一分 / 七時五十六分	六時二十八分 / 二十一時五十九分	初三日	己酉	土	觜	平	四綠	天	堂	宜祭祀大清掃 忌 祈福 告祀 會親友 出行 結婚 移徙 求醫療病 動土 上樑 造醬 安葬 天恩 四相 民日 敬安 (死神 天吏 致死) 伏斷日 天罡日	酉卯
二十一日	水	五時十一分 / 七時五十七分	七時二十七分 / 二十二時三十七分	初四日	庚戌	金	參	定	五黃	害	翁	宜祭祀祈福會親友結婚動土上樑 時巳 造醬交易納畜 忌 求醫療病 栽種 天恩 三合 (死氣 天刑)	戌辰
二十二日	木	五時十一分 / 七時五十七分	八時二十八分 / 二十三時八分	初五日	辛亥	金	井	執	六白	殺	第	宜祭祀沐浴 忌 求醫療病 修倉庫 造醬 開市 立券 交易 納財 開倉庫 出貨財 取魚 月德合 天恩 五富 福生 (劫煞 小耗 重日 朱雀) 月忌日	戌辰
二十三日	金	五時十一分 / 七時五十七分	九時二十八分 / 二十三時三十五分	初六日	壬子	木	鬼	破	七赤	富	竈	諸事不宜 吉神 月空 天恩 六儀 解神 金匱 鳴吠對 凶神 大耗 災煞 天火 厭對 陰陽擊衝 月破 天賊 수사일 大空亡	戌辰
二十四日	土	五時十二分 / 七時五十七分	十時二十七分 / 二十三時五十九分	初七日	癸丑	木	柳	危	八白	師	婦	宜祭祀 忌 祈福 告祀 會親友 出行 結婚 移徙 求醫療病 動土 上樑 造醬 交易 栽種 破土 安葬 天恩 陰德 聖心 寶光 (月煞 月虛 月害 四擊 八專)	亥巳
二十五日	㊐	五時十二分 / 七時五十七分	十一時二十六分	初八日	甲寅	水	星	成	九紫	災	廚	宜入學出行求醫療病動土上樑 時巳 造醬栽種 忌 祭祀 結婚 移徙 母倉 三合 天馬 天喜 (大煞 歸忌 八專 白虎)	亥巳
二十六日	月	◐上弦十六時五十分		初九日	乙卯	水	張	收	一白	安	夫	宜祭祀 忌 祈福 告祀 會親友 出行 結婚 移徙 求醫療病 動土 上樑 造醬 立券 交易 安葬 母倉 續世 五合 玉堂 鳴吠對 (河魁 大時 大敗 咸池)	亥巳
二十七日	火	五時十三分 / 七時五十七分	十三時二十四分 / ○時四十三分	初十日	丙辰	土	翼	開	二黑	利	姑	宜祭祀祈福告祀會親友出行結婚移徙求醫療病上樑 時巳 忌 伐木 取魚 月德 時德 (五虛 九空)	午子
二十八日	水	五時十三分 / 七時五十七分	十四時二十六分 / 一時六分	十一日	丁巳	土	軫	閉	三碧	天	堂	宜裁衣築堤防 忌 祈福 告祀 會親友 出行 結婚 移徙 求醫療病 動土 上樑 開市 開倉庫 出貨財 破土 安葬 王日 玉宇 (遊禍 血支 復日 重日)	未丑
二十九日	木	五時十三分 / 七時五十七分	十五時三十二分 / 一時三十一分	十二日	戊午	火	角	建	四綠	害	翁	諸事不宜 吉神 月恩 四相 陽德 官日 金堂 凶神 月建 小時 土府 月刑 月厭 地火 土符 小會 伏斷日	未丑
三十日	金	五時十四分 / 七時五十七分	十六時四十二分 / 二時一分	十三日	己未	火	亢	除	五黃	殺	第	宜祭祀祈福告祀會親友出行移徙動土上樑 時巳 造醬安葬 忌 結婚 求醫療病 四相 守日 (八專)	未丑

夏至 二十三時五十八分 舊五月中

晝十四時間四十六分 夜九時間十四分

太陽到臨 未· 乙丙丁三奇 中巽震

농사메모

• **벼농사**＝①1모작 논으로 아직 모내기 못한 곳은 6월 5일 이전에 서둘러 끝마친다。②2모작 논에 조생계 신품종을 심는다。③모낸 후 새끼칠 거름을 준다。④이화명충 및 도열병 등을 예방한다。 • **밭농사**＝①논보리 적기수확 및 탈곡。②보리 뒷그루 콩심기、 논두렁콩 빈그루 보식。③고구마밭 김매기。 • **경제작물**＝①고추의 담배나방 방제。②과수의 적과와 봉지를 씌우고 추비사용、 과수의 불필요한 가지 제거。 • **축산**＝①사료 작물은 꽃필 때나 유숙초기에 수확하고 벤 후에 웃거름을 준다。②계사(鷄舍)에 망을 친다。 • **잠업**＝① 뽕나무 애바구미 방제를 위하여 「사리치온」이나 「지오릭스」를 살포。②느타리버섯 재배。

이달의 主要略史

• **一日**＝제1회 조선미술전람회 개최(一九四七) • **二日**＝제5회 지방선거 실시(二〇十〇) • **四日**＝지방자치 단체장 및 의원 선거(一九九八) • **六日**＝현충일로 제정(一九五六) • 국가재건비상조치법 발표(一九六一) • **八日**＝제7대 국회의원 선거(一九六七) • **九日**＝월드컵 본선 연속 6회 진출(二〇〇五) • **十日**＝六·十만세사건 일어남(一九二六) • 제2차 화폐개혁 一〇대 一로(一九六二) • **十二日**＝한국은행 발족(一九五〇) • 대한적십자사 처음으로 대북구호물자 직접 전달(一九九七) • **十三日**＝제7회 전국 동시지방 선거(二〇十八) • **十五日**＝내각책임제 개헌 국회 통과(一九六〇) • 남북정상 六·十五 남북공동선언(二〇〇〇) • **十八日**＝반공포로 석방(一九五三) • **二十日**＝주민등록제도 시행(一九六二) • **二十一日**＝농지개혁법 공포(一九四九) • **二十二日**＝한일협정(一九六三) • **二十三日**＝KBS 이산가족찾기 TV생방송 시작(一九八三) • 5만원권 지폐 발행(二〇〇九) • 인구 5천만 명 돌파(二〇十二) • **二十五日**＝북괴군 남침으로 六·二五사변 일어남(一九五〇) • **二十六日**＝白凡 金九 안두희에게 저격 암살됨(一九四九) • **二十七日**＝제주도、 유네스코의 세계자연유산으로 등재(二〇〇七) • **二十八日**＝北軍 서울 침입(一九五〇) • **二十九日**＝주한미군 철수(一九四九) • 삼풍백화점 붕괴 대참사(一九九五) • **三十日**＝경기도 화성 씨랜드 火災 二十三명 사망(一九九九) • 南北美 정상 판문점 회동(二〇十九)

七月大 三十一日

舊曆 自·五月十四日 至·六月十四日

음둔상원

二黑	七赤	九紫
一白	三碧	五黃
六白	八白	四綠

평균기온
- 서울－二十四度五分
- 전주－二十五度七分
- 포항－二十三度六分
- 목포－二十四度八分
- 강릉－二十三度五分
- 대구－二十五度三分
- 부산－二十三度七分
- 제주－二十五度一分

小暑 十七時三十一分 舊六月節

晝十四時間三十九分 夜九時間二十一分

己未月建 太陽到臨 丁· 乙丙丁三奇 中巽震

陽曆	曜日	日出(午前) 日入(午後)	月出 月入	陰曆	干支	納音五行	二十八宿	二十神	九星	移徙周堂	婚姻周堂	行事宜日및忌日 吉神(凶神)	潮滿
一日	土	五時十四分 七時五十七分	十七時五十四分 二時三十七分	十四日	庚申	木	氐	滿	六白	富	竈	宜祭祀祈福出行移徙沐浴大清掃安葬 忌 會親友 結婚 求醫療病 立券 交易 相日 驛馬 天后 (五虛 五離) 月忌日	申寅
二日	㊐	五時十五分 七時五十七分	十九時七分 三時二十二分	十五日	辛酉	木	房	平	七赤	師	婦	宜祭祀沐浴大清掃 忌 會親友 出行 求醫療病 造醬 開倉庫 出貨財 畋獵 取魚 月德合 民日 敬安 除神 (死神 天吏 致死) 天罡日	申寅
三日	月	○望二十時三十九分		十六日	壬戌	水	心	定	八白	災	廚	宜祭祀祈福會親友結婚上樑 時巳 造醬交易納畜 忌 求醫療病 動土 栽種 破土 月空 三合 (死氣 天刑)	酉卯
四日	火	五時十六分 七時五十七分	二十一時十分 五時二十七分	十七日	癸亥	水	尾	執	九紫	安	夫	宜祭祀沐浴 忌 祈福 告祀 會親友 出行 結婚 移徙 求醫療病 動土 上樑 造醬 交易 栽種 納畜 安葬 五富 不將 福生 (劫煞 小耗 四廢 重日)	酉卯
五日	水	五時十六分 七時五十七分	二十一時五十七分 六時四十三分	十八日	甲子	金	箕	破	九紫	利	姑	諸事不宜 吉神 天恩 六儀 解神 金匱 凶神 大耗 災煞 天火 厭對 招搖 五虛 月破 天賊 수사일	酉卯
六日	木	五時十七分 七時五十七分	二十二時三十四分 八時二分	十九日	乙丑	金	斗	危	八白	天	堂	宜祭祀 忌 祈福 告祀 會親友 出行 結婚 移徙 求醫療病 動土 上樑 造醬 交易 栽種 破土 安葬 天恩 陰德 聖心 (月煞 月虛 月害) 伏斷日 大空亡	戌辰
七日	金	五時十七分 七時五十六分	二十三時六分 九時十九分	二十日	丙寅	火	牛	危	七赤	害	翁	宜會親友結婚造醬開市交易納財栽種納畜 忌 祭祀 祈福 告祀 求醫療病 天恩 母倉 五富 五合 (遊禍)	戌辰
八日	土	五時十八分 七時五十六分	二十三時三十三分 十時三十二分	廿一日	丁卯	火	女	成	六白	殺	第	宜會親友出行結婚移徙求醫療病動土上樑 時午 造醬 忌 剃頭 穿井 天恩 母倉 (大煞) 伏斷日	戌辰
九日	㊐	五時十八分 七時五十六分	二十三時五十九分 十一時四十三分	廿二日	戊辰	木	虛	收	五黃	富	竈	宜祭祀 忌 祈福 告祀 會親友 出行 結婚 移徙 求醫療病 動土 上樑 造醬 交易 破土 納畜 安葬 天恩 四相 時德 天馬 普護 (五虛 五墓 白虎)	亥巳
十日	月	◑下弦十時四十八分		廿三日	己巳	木	危	開	四綠	師	婦	宜祭祀 忌 祈福 告祀 會親友 出行 結婚 移徙 求醫療病 動土 上樑 造醬 交易 安葬 天德合 月德合 四相 王日 (月厭 地火 復日 重日) 月忌日	亥巳
十一日	火	五時二十分 七時五十五分	○時二十五分 十三時五十八分	廿四日	庚午	土	室	閉	三碧	災	廚	宜造醬破土安葬 忌 祈福 會親友 出行 結婚 移徙 求醫療病 動土 上樑 交易 納畜 月空 官日 六合 鳴吠 (天吏 致死 血支 往亡 天牢)	亥巳
十二日	水	五時二十分 七時五十五分	○時五十二分 十五時四分	廿五日	辛未	土	壁	建	二黑	安	夫	宜祭祀祈福告祀會親友出行結婚移徙上樑 時巳 忌 求醫療病 動土 造醬 栽種 月恩 守日 (月建 小時)	午子
十三日	木	五時二十一分 七時五十四分	一時二十三分 十六時十一分	廿六日	壬申	金	奎	除	一白	利	姑	宜祭祀沐浴大清掃 忌 會親友 出行 結婚 移徙 求醫療病 動土 上樑 造醬 陽德 相日 吉期 不將 益後 除神 (劫煞 五虛 五離)	未丑
十四日	金	五時二十二分 七時五十四分	一時五十八分 十七時十五分	廿七日	癸酉	金	婁	滿	九紫	天	堂	宜祭祀沐浴 忌 祈福 會親友 出行 結婚 移徙 求醫療病 動土 上樑 造醬 交易 安葬 民日 天巫 福德 天倉 (災煞 天火 血忌 五離) 天罡日	未丑
十五日	土	五時二十二分 七時五十三分	二時三十九分 十八時十六分	廿八日	甲戌	火	胃	平	八白	害	翁	宜祭祀 忌 祈福 告祀 會親友 出行 結婚 移徙 求醫療病 動土 上樑 造醬 安葬 天德 月德 不將 要安 (河魁 死神 月煞 月虛) 伏斷日 大空亡	未丑
十六日	㊐	五時二十三分 七時五十三分	三時二十七分 十九時十分	廿九日	乙亥	火	昴	定	七赤	殺	第	宜會親友結婚沐浴動土上樑 時午 造醬交易納畜 忌 求醫療病 栽種 破土 安葬 陰德 三合 (厭對) 大空亡	申寅

初伏 (十二日)

日	曜	日出·日入	月出·月入	陰曆	日辰	納音	宿	建除	九星			宜忌	吉時	備考
十七日	月	五時二十四分 七時五十二分	四時二十分 十九時五十七分	三十日	丙子	水	畢	執	六白	富	竈	宜沐浴 忌 祈福 告祀 會親友 出行 結婚 移徙 求醫療病 動土 上樑 造醬 交易 安葬 金堂 解神 鳴吠對 (月害 大時 大敗 咸池) 月破 天賊日 수사일	申寅	制憲節
十八日	火	●合朔三時三十二分		初一日	丁丑	水	觜	破	五黃	天	婦	諸事不宜 凶神 大耗 月刑 四擊 九空 朱雀 月破日	酉卯	六月小
十九日	水	五時二十五分 七時五十一分	六時十九分 二十一時十分	初二日	戊寅	土	參	危	四綠	利	竈	宜會親友出行結婚移徙上樑 時巳 造醬交易納畜 忌 祭祀 祈福 告祀 求醫療病 母倉 四相 五富 (遊禍)	酉卯	
二十日	木	五時二十六分 七時五十一分	七時二十分 二十一時三十八分	初三日	己卯	土	井	成	三碧	安	第	宜祭祀祈福會親友出行結婚移徙求醫療病上樑 時午 造醬 忌 穿井 取魚 天恩 母倉 (大煞 復日)	酉卯	土王用事
二十一日	金	五時二十七分 七時五十分	八時二十分 二十二時二分	初四日	庚辰	金	鬼	收	二黑	災	翁	宜祭祀栽種納畜 忌 祈福 告祀 會親友 出行 結婚 移徙 求醫療病 動土 上樑 造醬 交易 安葬 月空 天恩 時德 天馬 (五虛 白虎) 天罡日	戌辰	中伏
二十二日	土	五時二十七分 七時四十九分	九時十八分 二十二時二十五分	初五日	辛巳	金	柳	開	一白	師	堂	宜祭祀 忌 祈福 告祀 會親友 出行 結婚 移徙 求醫療病 動土 上樑 造醬 交易 破土 安葬 天恩 月恩 王日 驛馬 (月厭 地火 重日) 月忌日 天賊日	戌辰	
二十三日	㊐	五時二十八分 七時四十九分	十時十六分 二十二時四十七分	初六日	壬午	木	星	閉	九紫	富	姑	宜造醬破土安葬 忌 祈福 會親友 出行 結婚 移徙 求醫療病 動土 上樑 開市 交易 栽種 天恩 官日 六合 不將 (天吏 致死 血支) 수사일	戌辰	
二十四日	月	五時二十九分 七時四十八分	十一時十四分 二十三時八分	初七日	癸未	木	張	建	八白	殺	夫	宜祭祀會親友出行 忌 祈福 告祀 結婚 求醫療病 築堤防 動土 上樑 安葬 天恩 守日 不將 聖心 (月建 小時 土府) 伏斷日 大空亡	亥巳	
二十五日	火	五時三十分 七時四十七分	十二時十四分 二十三時三十二分	初八日	甲申	水	翼	除	七赤	害	廚	宜祭祀祈福會親友結婚移徙動土上樑 時巳 栽種安葬 忌 出行 求醫療病 天德 (劫煞 五虛) 大空亡	亥巳	
二十六日	水	◐上弦七時七分		初九日	乙酉	水	軫	滿	六白	天	婦	宜祭祀沐浴 忌 祈福 會親友 出行 結婚 移徙 求醫療病 動土 上樑 造醬 交易 安葬 民日 天巫 福德 天倉 不將 (災煞 天火 血忌 五離) 大空亡	亥巳	
二十七日	木	五時三十一分 七時四十五分	十四時二十三分	初十日	丙戌	土	角	平	五黃	利	竈	諸事不宜 吉神 要安 青龍 凶神 河魁 死神 月煞 月虛 土符 地囊	午子	
二十八日	金	五時三十二分 七時四十五分	十五時三十二分 ○時三十分	十一日	丁亥	土	亢	定	四綠	安	第	宜會親友沐浴動土上樑 時午 造醬納畜 忌 結婚 求醫療病 立券 交易 栽種 安葬 陰德 三合 時陰 (厭對 招搖 死氣 四窮)	未丑	
二十九日	土	五時三十三分 七時四十四分	十六時四十四分 一時十分	十二日	戊子	火	氐	執	三碧	災	翁	宜祭祀沐浴裁衣 忌 祈福 告祀 結婚 移徙 求醫療病 動土 上樑 造醬 安葬 四相 金堂 解神 (月害 大時 大敗 咸池 小耗 五虛 九坎)	未丑	
三十日	㊐	五時三十四分 七時四十三分	十七時五十二分 二時○分	十三日	己丑	火	房	破	二黑	師	堂	宜祭祀 忌 祈福 告祀 會親友 出行 結婚 移徙 求醫療病 動土 上樑 造醬 交易 納畜 破土 安葬 天德合 月德合 四相 (大耗 月刑 四擊 復日) 月破日	未丑	
三十一日	月	五時三十五分 七時四十二分	十八時五十四分 三時二分	十四日	庚寅	木	心	危	一白	富	姑	宜會親友結婚造醬開市交易栽種納畜破土 忌 祭祀 祈福 告祀 求醫療病 月空 母倉 五富 (遊禍) 月忌日	申寅	

大暑 十時五十分

舊六月中

晝十四時間二十一分 夜九時間三十九分

太陽到臨 午· 乙丙丁三奇 中巽震

농사메모

• **벼농사**＝①중간 물빼기 실시。②이삭거름주기。③잎 도열병 방제。④잎집무늬마름병·흰빛잎마름병 방제。 • **밭농사**＝①그루콩 및 옥수수의 북주기와 김매기。②수매할 보리의 수분함량을 十四% 정도로 건조。 • **경제작물**＝①고추의 담배나방 방제。②가을 김장채소 우량품종 씨앗으로 준비。③하순에 육묘。 • **축산**＝①모든 가축의 여름철 질병 발생에 조심하고 예방에 힘쓴다。②아카시아·싸리·칡잎으로 녹사료。 • **잠업**＝①뽕나무밭에 2차 여름비료 살포。②잠구를 소독。③가을누에씨를 신청。

이달의 主要略史

• **一日**＝의료보험제도 실시(一九七七) • 세종특별자치시 출범(二〇十二) • 청계천 복원 사업 착공(二〇〇三) • 성년 기준 만 十九세로 조정(二〇十三) • **三日**＝포항제철 준공(一九七三) • 경기 광명과 서울 우면동 잇는 강남순환로 개통(二〇十六) • **四日**＝최초의 남북 공동성명(一九七二) • **六日**＝제9대 대통령 선출(一九七八) • 二〇十八년 동계 올림픽 개최지로 강원도 평창 결정(二〇十一) • **七日**＝京釜고속도로 개통(一九七〇) • 서해안 고속도로 인천~안산간 개통(一九九四) • **八日**＝충남 공주에서 무령왕릉 발굴(一九七一) • 金日成 사망(一九九四) • **九日**＝韓美행정협정 조인(一九六六) • **十四日**＝이준열사 만국평화회의에서 殉國(一九〇七) • **十五日**＝京仁間 첫 전화 개통(一九〇〇) • 중학입시제 폐지(一九六八) • 서울 잠수교 개통(一九七六) • 서울 양양고속도로 개통(二〇〇九) • **十七日**＝대한민국헌법 최초 공포(一九四八) • 울산, 광역시로 승격(一九九七) • **二十日**＝初代 대통령에 이승만 선출(一九四八) • **二十一日**＝경인고속도로 개통(一九六九) • **二十七日**＝휴전협정 조인(一九五三) • 우면산 산사태 발생(二〇十一) • **二十九日**＝제5대 민의원 초대 참의원 총선거(一九六〇)

八月大 三十一日

舊曆 自·六月十五日 至·七月十六日

七月大

一白	六白	八白
九紫	二黑	四綠
五黃	七赤	三碧

流頭 (1日) · 末伏 (10日) · 光復節 (15日)

陽曆	曜日	日出(午前) 日入(午後)	月出 月入	陰曆	干支	納音五行	二十八宿	十二神	九星	移徙周堂	婚姻周堂	行事宜日및忌日 吉神(凶神)	滿潮
一日	火	五時三十五分 七時四十一分	十九時四十六分 四時十五分	十五日	辛卯	木	尾	成	九紫	殺	夫	宜祭祀祈福會親友出行結婚移徙求醫療病動土上樑 午時 忌 造醬 穿井 母倉 月恩 三合 (大煞)	申寅
二日	水	○望三時三十二分		十六日	壬辰	水	箕	收	八白	害	廚	宜祭祀栽種納畜 忌 祈福 告祀 會親友 出行 結婚 移徙 求醫療病 動土 上樑 造醬 安葬 時德 天馬 (五虛 白虎) 伏斷 天罡日 大空亡	酉卯
三日	木	五時三十七分 七時三十九分	二十一時三分 六時五十五分	十七日	癸巳	水	斗	開	七赤	天	婦	宜祭祀 忌 祈福 告祀 會親友 出行 結婚 移徙 求醫療病 動土 上樑 造醬 交易 破土 安葬 王日 驛馬 天后 時陽 (月厭 地火 重日) 天賊日 大空亡	酉卯
四日	金	五時三十八分 七時三十八分	二十一時三十三分 八時十二分	十八日	甲午	金	牛	閉	六白	利	竈	宜祭祀裁衣造醬補垣破土安葬 天德 月德 天赦 官日 六合 不將 鳴吠 (天吏 致死 血支 往亡 天牢) 수사일 大空亡	酉卯
五日	土	五時三十九分 七時三十七分	二十二時○分 九時二十六分	十九日	乙未	金	女	建	五黃	安	第	宜祭祀出行 忌 祈福 告祀 結婚 求醫療病 築堤防 動土 上樑 破屋 伐木 栽種 破土 安葬 守日 不將 聖心 (月建 小時 土府 元武)	戌辰
六日	㊐	五時四十分 七時三十六分	二十二時二十七分 十時三十八分	二十日	丙申	火	虛	除	四綠	災	翁	宜祭祀沐浴 忌 會親友 出行 結婚 移徙 求醫療病 動土 上樑 造醬 立券 交易 破屋 栽種 陽德 相日 吉期 益後 除神 (劫煞 五虛 五離)	戌辰
七日	月	五時四十分 七時三十五分	二十二時五十四分 十一時四十七分	廿一日	丁酉	火	危	滿	三碧	師	堂	宜祭祀沐浴 忌 祈福 會親友 出行 結婚 移徙 求醫療病 動土 上樑 造醬 交易 安葬 民日 天巫 福德 天倉 續世 除神 (災煞 天火 血忌 五離)	戌辰
八日	火	◑下弦十九時二十八分		廿二日	戊戌	木	室	滿	二黑	富	姑	宜會親友出行結婚移徙求醫療病上樑 巳時 安葬 忌 祭祀 取魚 天德合 母倉 陽德 守日 (厭對 招搖 天狗)	亥巳
九日	水	五時四十二分 七時三十三分	二十三時五十八分 十四時三分	廿三日	己亥	木	壁	平	一白	殺	夫	宜祭祀沐浴 忌 祈福 告祀 會親友 出行 結婚 移徙 求醫療病 動土 上樑 交易 造醬 納畜 安葬 相日 普護 (死神 月害 遊禍 五虛) 伏斷日 月忌日	亥巳
十日	木	五時四十三分 七時三十一分	十五時九分	廿四日	庚子	土	奎	定	九紫	害	廚	宜祭祀祈福會親友出行移徙動土上樑 午時 造醬交易 忌 結婚 求醫療病 安葬 天德 民日 (死氣 四忌)	亥巳
十一日	金	五時四十四分 七時三十分	○時三十七分 十六時十一分	廿五日	辛丑	土	婁	執	八白	天	婦	宜捕捉 忌 冠帶 出行 結婚 進人口 移徙 求醫療病 動土 上樑 造醬 開市 立券 交易 納畜 破土 安葬 母倉 明堂 (小耗 五墓 歸忌) 月破日	午子
十二日	土	五時四十五分 七時二十九分	一時二十三分 十七時七分	廿六日	壬寅	金	胃	破	七赤	利	竈	宜沐浴 忌 祭祀 祈福 會親友 出行 結婚 移徙 求醫療病 動土 上樑 造醬 交易 伐木 安葬 月德 月恩 四相 驛馬 天后 (大耗 月刑 天刑)	未丑
十三日	㊐	五時四十六分 七時二十八分	二時十五分 十七時五十六分	廿七日	癸卯	金	昴	危	六白	安	第	宜祭祀祈福告祀出行結婚移徙上樑 午時 交易安葬 忌 求醫療病 動土 破屋 栽種 天德 (天吏 五虛) 大空亡	未丑
十四日	月	五時四十六分 七時二十七分	三時十二分 十八時三十七分	廿八日	甲辰	火	畢	成	五黃	災	翁	宜祭祀入學 忌 祈福 會親友 出行 結婚 移徙 求醫療病 動土 上樑 造醬 交易 栽種 安葬 母倉 三合 天喜 天醫 (月厭 地火 四擊) 天罡日	未丑
十五日	火	五時四十七分 七時二十五分	四時十二分 十九時十二分	廿九日	乙巳	火	觜	收	四綠	師	堂	宜會親友結婚進人口造醬開市立券交易納財納畜 忌 出行 求醫療病 栽種 六合 五富 (河魁) 天賊日	申寅
十六日	水	●合朔十八時三十八分		初一日	丙午	水	參	開	三碧	安	夫	宜祭祀入學 忌 冠帶 結婚 進人口 求醫療病 經絡 造醬 伐木 畋獵 取魚 月空 天馬 時陽 生氣 玉宇 鳴吠 (災煞 天火 白虎)	酉卯

立秋 三時二十三分 舊七月節

晝十三時間五十三分 夜十時間七分

庚申月建 太陽到臨 丙·乙丙丁三奇 兌乾中

평균기온
- 서울 — 二十五度四分
- 전주 — 二十五度九分
- 포항 — 二十五度○分
- 목포 — 二十六度一分
- 강릉 — 二十四度三分
- 대구 — 二十五度九分
- 부산 — 二十五度四分
- 제주 — 二十五度八分

七夕 (二十二日) 百中 (三十日)

十七日	木	五時四十九分 七時二十三分	六時十三分 二十時七分	初二日	丁未	水	井	閉	二黑	利	姑	宜祭祀 忌祈福 告祀 會親友 出行 結婚 移徙 求醫療病 動土 上樑 造醬 立劵 交易 栽種 安葬 月德合 母倉 金堂 玉堂 (月煞 月虛 血支 五虛)	酉卯
十八日	金	五時五十分 七時二十二分	七時十二分 二十時三十分	初三日	戊申	土	鬼	建	一白	天	堂	宜祭祀祈福告祀會親友出行結婚移徙求醫療病上樑 時巳 安葬 天德合 天赦 王日 (月建 土府) 伏斷日	酉卯
十九日	土	五時五十一分 七時二十分	八時十分 二十時五十一分	初四日	己酉	土	柳	除	九紫	害	翁	宜沐浴剃頭大淸掃安葬 忌 會親友 出行 結婚 移徙 求醫療病 立劵 交易 栽種 乘船渡水 天恩 陰德 官日 吉期 (大時 大敗 咸池)	戌辰
二十日	㊐	五時五十二分 七時十九分	九時八分 二十一時十三分	初五日	庚戌	金	星	滿	八白	殺	第	宜會親友裁衣栽種納畜 忌 祭祀 結婚 求醫療病 開市 交易 乘船渡水 安葬 天恩 母倉 陽德 守日 (厭對 招搖) 月忌日 天賊日	戌辰
二十一日	月	五時五十二分 七時十八分	十時七分 二十一時三十五分	初六日	辛亥	金	張	平	七赤	富	竈	宜祭祀沐浴 忌 祈福 告祀 會親友 出行 結婚 移徙 求醫療病 動土 上樑 交易 造醬 納畜 安葬 天恩 相日 普護 (死神 月害 遊禍 五虛) 天罡日	戌辰
二十二日	火	五時五十三分 七時十六分	十一時七分 二十二時〇分	初七日	壬子	木	翼	定	六白	師	婦	宜祭祀祈福會親友出行結婚移徙上樑 時午 造醬安葬 忌 求醫療病 取魚 月德 天恩 月恩 (死氣) 大空亡	亥巳
二十三日	水	五時五十四分 七時十五分	十二時十一分 二十二時二十九分	初八日	癸丑	木	軫	執	五黃	災	廚	宜祭祀祈福會親友出行求醫療病動土上樑 時巳 安葬 忌 結婚 移徙 乘船渡水 天德 天恩 (小耗) 수사일	亥巳
處暑 十八時一分 舊七月中		晝十三時間二十一分 夜十時間三十九分	太陽到臨 巳・乙丙丁三奇 兌乾中										
二十四日	木	◐上弦十八時五十七分		初九日	甲寅	水	角	破	四綠	安	夫	諸事不宜 吉神 驛馬 天后 聖心 解神 五合 鳴吠對 凶神 大耗 月刑 四廢 八專 天刑 月破日	亥巳
二十五日	金	五時五十六分 七時十二分	十四時二十六分 二十三時四十八分	初十日	乙卯	水	亢	危	三碧	利	姑	諸事不宜 吉神 益後 五合 鳴吠對 凶神 天吏 致死 四廢 五虛 土符 朱雀 三陰	午子
二十六日	土	五時五十七分 七時十一分	十五時三十四分	十一日	丙辰	土	氐	成	二黑	天	堂	宜祭祀入學 忌 祈福 會親友 出行 結婚 移徙 求醫療病 動土 上樑 造醬 交易 安葬 月空 母倉 三合 天喜 續世 (月厭 地火 四擊 大煞 血忌)	未丑
二十七日	㊐	五時五十七分 七時九分	十六時三十八分 〇時四十三分	十二日	丁巳	土	房	收	一白	害	翁	宜祭祀祈福會親友結婚移徙上樑 時午 造醬 忌 出行 求醫療病 取魚 栽種 破土 月德合 六合 (河魁 劫煞) 伏斷日	未丑
二十八日	月	五時五十八分 七時八分	十七時三十三分 一時四十九分	十三日	戊午	火	心	開	九紫	殺	第	宜祭祀祈福會親友出行結婚移徙動土上樑 時午 忌 求醫療病 伐木 畋獵 取魚 天德合 天馬 (災煞 天火 四耗)	未丑
二十九日	火	五時五十九分 七時七分	十八時十九分 三時五分	十四日	己未	火	尾	閉	八白	富	竈	諸事不宜 吉神 母倉 金堂 玉堂 凶神 月煞 月虛 血支 五虛 八專 月忌日	申寅
三十日	水	六時〇分 七時五分	十八時五十七分 四時二十四分	十五日	庚申	木	箕	建	七赤	師	婦	宜出行沐浴納畜 忌 祈福 告祀 會親友 結婚 求醫療病 動土 上樑 立劵 交易 安葬 王日 天倉 除神 鳴吠 (月建 小時 土府 復日 五離)	申寅
三十一日	木	○望十時三十六分		十六日	辛酉	木	斗	除	六白	災	廚	宜沐浴剃頭大淸掃安葬 忌 會親友 出行 結婚 移徙 求醫療病 造醬 立劵 交易 乘船渡水 栽種 陰德 官日 吉期 (大時 大敗 咸池)	酉卯

농사 메모

• **벼농사**=①예찰정보에 따라 모든 병충해를 조기 방제。②물걸러대기。③이삭패기 전 피뽑기。④퇴비증산。 • **밭농사**=①콩의 콩나방 및 진딧물 방제。②논두렁콩 주변에 풀베기。③조생종 고구마를 수확한 뒤 채소심기。 • **경제작물**=①딸기 런너를 채취、오래묵은 포기는 갱신。②가을배추・무 파종。 • **축산**=①사료용 건초를 다량 확보。②각종 가축에 물것이 덤비지 않도록 모기장을 치거나 살충약 살포。 • **잠업**=①가을누에치기할 사육실의 환경(온도 등)을 조절。②순흑파리 방제(디디브이피 천배액)。

이달의 主要略史

• **一日**=동성동본 부부 혼인신고 접수(一九九七)• 광화문 광장 시민에게 공개(二〇〇九)• **五日**=제2대 정부통령 선거(一九五二)• **六日**=KAL機 괌에서 추락 二백二十九명 사망(一九九七)• **七日**=梁正模 레슬링 종목으로 몬트리올 올림픽에서 해방후 첫 금메달 획득(一九七六)• **九日**=손기정 베를린 올림픽에서 마라톤 우승(一九三六)• 황영조 바로셀로나 올림픽에서 마라톤 우승(一九九二)• **十日**=한국표준시간 변경、낮 十二시를 十二시 三十분으로 당겨 사용(一九六一)• **十二日**=금융실명제 실시(一九九三)

• **十三日**=윤보선씨 내각제 대통령에 취임(一九六〇)• **十四日**=프란치스코 교황 訪韓(二〇十四)• **十五日**=우리나라가 日帝下에서 해방(一九四五)• 정부수립(一九四八)• 육영수 여사 사망(一九七四)• 지하철 1호선 첫 개통(一九七四)• 남북 이산가족 상봉(二〇〇〇)• 광화문 시민에게 공개(二〇十〇)• **十八日**=김대중 전 대통령 서거(二〇〇九)• **十九日**=내각제 총리에 장면씨 선출(一九六〇)• **二十二日**=리우올림픽에서 8위 차지(二〇十六)• **二十三日**=아테네올림픽 탁구 남자 단식 결승전에서 유승민 금메달(二〇〇四)

九紫	五黃	七赤
八白	一白	三碧
四綠	六白	二黑

九月小 三十日

舊曆 自・七月十七日 至・八月十六日

평균기온
서울―二十度三分
전주―二十度六分
포항―二十度六分
목포―二十一度七分
강릉―十八度七分
대구―二十度五分
부산―二十一度六分
제주―二十一度七分

陽曆	曜日	日出(午前)	日入(午後)	月出	月入	陰曆	干支	納音五行	二十八宿	二十神	九星	移徙周堂	婚姻周堂	行事宜日및忌日 吉神(凶神)	潮滿	備考
一日	金	六時二分	七時二分	十九時五十八分	七時一分	十七日	壬戌	水	牛	滿	五黃	安	夫	宜會親友出行結婚移徙求醫療病上樑 時巳 交易栽種 忌 祭祀 取魚 月德 母倉 (厭對 招搖) 天賊日	酉卯	
二日	土	六時三分	七時一分	二十時二十六分	八時十六分	十八日	癸亥	水	女	平	四綠	利	姑	宜祭祀沐浴 忌 祈福 告祀 求醫療病 畋獵 取魚 天德 四相 相日 普護 (死神 月害 遊禍 五虛 重日) 天罡日	酉卯	
三日	㉰	六時三分	六時五十九分	二十時五十三分	九時二十八分	十九日	甲子	金	虛	定	三碧	天	堂	宜祭祀祈福會親友出行結婚移徙上樑 時午 造醬納畜 忌 求醫療病 栽種 時德 天恩 (死氣) 伏斷日	戌辰	음둔중원
四日	月	六時四分	六時五十八分	二十一時二十三分	十時四十分	二十日	乙丑	金	危	執	二黑	害	翁	宜會親友納畜 忌 移徙 修倉庫 開市 立券 交易 納財 開倉庫 出貨財 栽種 天恩 母倉 明堂 (小耗 歸忌) 수사일 大空亡	戌辰	
五日	火	六時五分	六時五十六分	二十一時五十六分	十一時五十分	廿一日	丙寅	火	室	破	一白	殺	第	諸事不宜 吉神 月空 天恩 驛馬 天后 聖心 解神 五合 鳴吠對 凶神 大耗 月刑 天刑 伏斷日 月破日	戌辰	
六日	水	六時六分	六時五十五分	二十二時三十四分	十二時五十九分	廿二日	丁卯	火	壁	危	九紫	富	竈	宜祭祀祈福會親友出行結婚移徙上樑 時午 交易安葬 忌 求醫療病 動土 栽種 月德合 天恩 (天吏)	亥巳	
七日	木	◑下弦七時二十一分				廿三日	戊辰	木	奎	成	八白	師	婦	宜祭祀祈福會親友動土上樑 時巳 造醬安葬 忌 出行 結婚 移徙 求醫療病 栽種 天德合 天恩 (月厭 地火) 月忌日	亥巳	사회복지의 날
八日	金	六時八分	六時五十二分		十五時三分	廿四日	己巳	木	婁	成	七赤	災	廚	宜祭祀祈福會親友結婚移徙求醫療病動土上樑 時午 造醬交易 忌 出行 安葬 三合 (重日)	亥巳	

白露 六時二十七分 舊八月節

晝十二時間四十四分 夜十一時間十六分

辛酉月建 太陽到臨 巽・乙丙丁三奇 兌乾中

陽曆	曜日	日出(午前)	日入(午後)	月出	月入	陰曆	干支	納音五行	二十八宿	二十神	九星	移徙周堂	婚姻周堂	行事宜日및忌日 吉神(凶神)	潮滿
九日	土	六時八分	六時五十分	○時九分	十五時五十四分	廿五日	庚午	土	胃	收	六白	安	夫	宜祭祀捕捉 忌 出行 求醫療病 修倉庫 開倉庫 畋獵 取魚 乘船渡水 出貨財 栽種 月德 福生 金匱 鳴吠 (大時 大敗 咸池 九坎 九焦)	午子
十日	㉰	六時九分	六時四十九分	一時五分	十六時三十八分	廿六日	辛未	土	昴	開	五黃	利	姑	宜祭祀祈福告祀會親友出行移徙上樑 時巳 忌 求醫療病 造醬 交易 安葬 母倉 陰德 時陽 (五虛 九空)	未丑
十一日	月	六時十分	六時四十七分	二時五分	十七時十四分	廿七日	壬申	金	畢	閉	四綠	天	堂	宜祭祀造醬大淸掃栽種安葬 忌 祈福 會親友 出行 結婚 移徙 求醫療病 上樑 四相 王日 天馬 五富 (遊禍 血支 五離 白虎)	未丑
十二日	火	六時十一分	六時四十六分	三時五分	十七時四十五分	廿八日	癸酉	金	觜	建	三碧	害	翁	宜祭祀大淸掃 忌 祈福 會親友 出行 結婚 移徙 求醫療病 動土 上樑 造醬 安葬 月恩 四相 官日 六儀 益後 (月建 小時 土府 厭對 招搖) 伏斷日	未丑
十三日	水	六時十二分	六時四十四分	四時六分	十八時十一分	廿九日	甲戌	火	參	除	二黑	殺	第	宜祭祀出行沐浴大淸掃栽種 忌 祈福 告祀 會親友 結婚 求醫療病 造醬 安葬 月空 母倉 吉期 (月害 血忌) 天賊日 大空亡	申寅
十四日	木	六時十三分	六時四十三分	五時五分	十八時三十五分	三十日	乙亥	火	井	滿	一白	富	竈	宜祭祀祈福告祀出行結婚移徙動土上樑 時午 交易 忌 取魚 栽種 月德合 相日 (五虛 大煞) 天罡日 大空亡	申寅
十五日	金	●合朔十時四十分				初一日	丙子	水	鬼	平	九紫	安	夫	宜祭祀 忌 祈福 會親友 出行 結婚 移徙 求醫療病 動土 上樑 乘船渡水 交易 造醬 安葬 時德 陽德 民日 玉宇 司命 (河魁 死神 天吏 致死 往亡)	酉卯
十六日	土	六時十四分	六時三十九分	七時二分	十九時十八分	初二日	丁丑	水	柳	定	八白	利	姑	宜會親友結婚進入口動土上樑 時巳 造醬交易納畜 忌 冠帶 求醫療病 栽種 母倉 三合 (死氣 勾陳)	酉卯

十七日	㊐	六時十五分 六時三十八分	八時一分 十九時四十分	初三日	戊寅	土	星	執	七赤	天	堂	宜沐浴捕捉 忌 祭祀 祈福 告祀 會親友 出行 結婚 移徙 求醫療病 動土 上樑 造醬 交易 栽種 安葬	解神 五合 青龍 (劫煞 小耗 歸忌) 酉卯
十八日	月	六時十六分 六時三十六分	九時一分 二十時四分	初四日	己卯	土	張	破	六白	害	翁	諸事不宜	吉神 天恩 五合 明堂 凶神 大耗 災煞 天火 月厭 地火 五虛 陰道衝陽 月破日 天賊日 戌辰
十九日	火	六時十七分 六時三十五分	十時四分 二十時三十一分	初五日	庚辰	金	翼	危	五黃	殺	第	宜祭祀祈福會親友出行結婚移徙動土上樑 時巳 造醬交易安葬	月德 天恩 母倉 (月煞 月虛) 月忌日 戌辰
二十日	水	六時十八分 六時三十三分	十一時九分 二十一時四分	初六日	辛巳	金	軫	成	四綠	富	竈	宜祭祀祈福會親友結婚移徙求醫療病上樑 時午 忌 出行 造醬 破土 安葬	天恩 三合 臨日 (復日 重日 朱雀) 戌辰
二十一日	木	六時十八分 六時三十二分	十二時十六分 二十一時四十三分	初七日	壬午	木	角	收	三碧	師	婦	宜祭祀 忌 祈福 會親友 出行 結婚 移徙 求醫療病 動土 上樑 造醬 乘船渡水 安葬	天恩 四相 不將 福生 金匱 (大時 大敗 咸池) 伏斷日 天罡日 亥巳
二十二日	金	六時十九分 六時三十分	十三時二十四分 二十二時三十三分	初八日	癸未	木	亢	開	二黑	災	廚	宜祭祀祈福會親友出行結婚移徙上樑 時巳 納畜 忌 求醫療病 動土 交易 栽種	天恩 (五虛) 수사일 大空亡 亥巳
二十三日	土	◐上弦四時三十二分		初九日	甲申	水	氐	閉	一白	安	夫	宜祭祀造醬大清掃栽種安葬 忌 祈福 告祀 會親友 出行 結婚 移徙 求醫療病 上樑	月空 王日 天馬 (遊禍 血支 五離) 大空亡 亥巳

秋分 十五時五十分 舊八月中

晝十二時間九分 夜十一時間五十一分

太陽到臨 辰・乙丙丁三奇 震坤坎

二十四日	㊐		六時二十一分 六時二十七分	十五時二十四分	初十日	乙酉	水	房	建	九紫	利	姑	宜祭祀大清掃 忌 會親友 求醫療病 動土 修倉庫 破屋 伐木 取魚 栽種 破土	月德合 官日 六儀 益後 玉堂 (月建 小時 土府 月刑 厭對) 大空亡 午子
二十五日	月		六時二十二分 六時二十六分	十六時十二分 ○時四十三分	十一日	丙戌	土	心	除	八白	天	堂	宜祭祀出行沐浴大清掃栽種 忌 祈福 告祀 會親友 結婚 求醫療病 造醬 交易 破土 安葬	母倉 守日 吉期 (月害 血忌 天牢) 未丑
二十六日	火		六時二十三分 六時二十四分	十六時五十二分 一時五十八分	十二日	丁亥	土	尾	滿	七赤	害	翁	宜祭祀祈福會親友出行移徙立券交易納財 忌 結婚 求醫療病 乘船渡水 安葬	相日 驛馬 天后 (五虛 八風) 未丑
二十七日	水	秋社	六時二十三分 六時二十二分	十七時二十五分 三時十六分	十三日	戊子	火	箕	平	六白	殺	第	宜祭祀 忌 祈福 會親友 出行 結婚 移徙 求醫療病 動土 上樑 造醬 交易 取魚 栽種 破土 安葬	時德 陽德 民日 玉宇 (河魁 死神 天吏 致死 往亡) 未丑
二十八日	木	추석연휴	六時二十四分 六時二十一分	十七時五十五分 四時三十三分	十四日	己丑	火	斗	定	五黃	富	竈	宜會親友結婚進人口動土上樑 時巳 造醬交易納畜 忌 求醫療病 栽種	母倉 三合 (死氣 勾陳) 伏斷日 月忌日 申寅
二十九日	金	추석	○望十八時五十八分		十五日	庚寅	木	牛	執	四綠	師	婦	宜沐浴捕捉 忌 祭祀 移徙 求醫療病 修倉庫 開市 立券 交易 納財 開倉庫 畋獵 取魚 出貨財	月德 解神 五合 青龍 鳴吠對 (劫煞 小耗 歸忌) 申寅
三十日	土	추석연휴	六時二十六分 六時十八分	十八時五十分 七時二分	十六日	辛卯	木	女	破	三碧	災	廚	諸事不宜	吉神 五合 明堂 鳴吠對 凶神 大耗 災煞 天火 月厭 地火 五虛 復日 大會 伏斷日 月破日 天賊日 酉卯

농사메모

• **벼농사**=①벼멸구 발생 직전에 유의하여 철저히 방제。②이삭팬 뒤 三〇~三五일에 물빼기。③참새떼 방지。 • **밭농사**=①밀·보리 종자 소독。②보리 가꾸는 요령을 충분히 익혀둠。③보리파종용 밭의 작물을 거둔다。 • **경제작물**=①김장채소의 초기관리를 철저히 한다。②고추의 담배나방 등 병충해 방제。③비닐하우스 재배농가는 시설물 보완 및 자재를 사전에 준비。④과수의 병충해 방지를 철저히 하고 가을거름 시용。 • **축산**=①젖소의 결핵、부르셀라 검색。②산양종부 및 생후 2~4주된 수퇘지 거세。③가을병아리 기르기。 • **잠업**=①수확한 누에고치를 공동출하。②뽕나무 왜소지 정리 또는 뽕나무밭 골 사이에 녹비。③잠구소독。

이달의 主要略史

• **一日**=전두환씨 제十一대 대통령 취임(一九八〇) • KAL機 사할린 상공에서 소련 미사일 공격으로 추락됨(一九八三) • **二日**=한국 三八線으로 남북 분리됨(一九四五) • 강우규의사 日총독 저격(一九一九) • 태풍 곤파스 강화도 상륙(二〇十〇) • **六日**=女軍 창설(一九五〇) • **九日**=한미행정협정 체결(一九六六) • **十一日**=美軍政개시(一九四五) • **十二日**=경북 경주 규모 5。8 지진 발생(二〇十六) • **十三日**=金益相의사 총독부청사 폭탄 투여(一九二一) • **十五日**=서울시 특별시로 승격(一九四九) • 유엔군 인천상륙(一九五〇) • **十七日**=서울올림픽 개막식(一九八八) • 남북한 동시 유엔 가입(一九九一) • **十八日**=경인선 철도 사상 최초로 개통 운행으로 철도의 날 제정(一八九九) • 문재인 대통령 방북、평양 남북정상회담(二〇十八) • **十九日**=제十七회 아시안게임 인천 아시아드주경기장에서 개막(二〇十四) • **二十日**=제十회 아시아경기대회 서울에서 개막(一九八六) • 남북한 최초의 직통전화 가설(一九七一) • **二十九日**=제十四회 아시아 경기대회 부산에서 개최(二〇〇二) • 제주서 국내 첫 해상풍력발전기인 탐라해상풍력발전시동(二〇十六) • **三十日**=국회 한글전용법안 가결(一九四八)

十月大 三十一日

舊曆 自・八月十七日 至・九月十七日

八白	四綠	六白
七赤	九紫	二黑
三碧	五黃	一白

寒露 二十二時十六分 **舊九月節**

晝十一時間三十三分 夜十二時間二十七分

壬戌月建 太陽到臨 乙・乙丙丁三奇 震坤坎

陽曆	曜日	日出(午前) 日入(午後)	月出 月入	陰曆	干支	五行納音	二十八宿	二十神	九星	移徙周堂	婚姻周堂	行事宜日및忌日 吉神(凶神)	潮滿	記念日
一日	㊐	六時二十七分 六時十六分	十九時十九分 八時十六分	十七日	壬辰	水	虛	危	二黑	安	夫	宜祭祀 忌 求醫療病 開渠 母倉 四相 六合 不將 要安 (月煞 月虛 四擊 天刑) 大空亡	酉卯	國軍의 날
二日	月	六時二十八分 六時十五分	十九時五十一分 九時二十九分	十八日	癸巳	水	危	成	一白	利	姑	宜祭祀祈福會親友結婚移徙求醫療病上樑 時午 造醬 忌 出行 破土 安葬 月恩 四相 (重日) 大空亡	酉卯	老人의 날
三日	火	六時二十九分 六時十三分	二十時二十八分 十時四十分	十九日	甲午	金	室	收	九紫	天	堂	宜祭祀 忌 祈福 會親友 出行 結婚 移徙 求醫療病 動土 上樑 造醬 乘船渡水 安葬 月空 不將 福生 金匱 (大時 大敗 咸池 九坎) 天罡日 大空亡	戌辰	開天節
四日	水	六時三十分 六時十二分	二十一時十一分 十一時四十九分	二十日	乙未	金	壁	開	八白	害	翁	宜祭祀祈福會親友出行結婚移徙上樑 時巳 納畜 忌 求醫療病 動土 破屋 栽種 月德合 (五虛 九空) 수사일	戌辰	
五日	木	六時三十分 六時十分	二十二時一分 十二時五十三分	廿一日	丙申	火	奎	閉	七赤	殺	第	宜祭祀造醬大淸掃納畜安葬 忌 祈福 會親友 出行 結婚 移徙 求醫療病 上樑 王日 天馬 五富 聖心 (遊禍 血支 地囊 五離)	戌辰	
六日	金	◑下弦二十二時四十八分		廿二日	丁酉	火	婁	建	六白	富	竈	宜祭祀大淸掃 忌 祈福 告祀 會親友 出行 結婚 移徙 求醫療病 動土 上樑 造醬 破土 安葬 官日 六儀 益後 除神 (月建 小時 土府 月刑 厭對)	亥巳	
七日	土	六時三十二分 六時七分	二十三時五十五分 十四時三十六分	廿三日	戊戌	木	胃	除	五黃	師	婦	宜祭祀出行沐浴大淸掃栽種 忌 祈福 告祀 會親友 結婚 求醫療病 造醬 安葬 母倉 守日 吉期 (月害 血忌) 伏斷日 月忌日	亥巳	
八日	㊐	六時三十三分 六時六分	十五時十五分	廿四日	己亥	木	昴	除	四綠	災	廚	宜沐浴大淸掃 忌 祈福 告祀 會親友 結婚 移徙 求醫療病 裁衣 動土 上樑 栽種 破土 安葬 相日 吉期 五富 敬安 (劫煞 五虛 土符 重日)	亥巳	재향군인의 날
九日	月	六時三十四分 六時四分	○時五十六分 十五時四十八分	廿五日	庚子	土	畢	滿	三碧	安	夫	宜祭祀沐浴 忌 祈福 告祀 會親友 出行 結婚 移徙 求醫療病 動土 上樑 造醬 交易 納畜 安葬 月恩 時德 民日 天巫 (災煞 天火 四忌 大煞)	午子	한글날
十日	火	六時三十五分 六時三分	一時五十七分 十六時十五分	廿六日	辛丑	土	觜	平	二黑	利	姑	宜祭祀 忌 祈福 會親友 出行 結婚 移徙 求醫療病 動土 上樑 造醬 立券 交易 栽種 安葬 天德合 月德合 母倉 福生 (死神 月煞 月虛 地囊 元武)	未丑	
十一日	水	六時三十六分 六時二分	二時五十七分 十六時四十分	廿七日	壬寅	金	參	定	一白	天	堂	忌 祭祀 祈福 告祀 會親友 出行 結婚 移徙 求醫療病 動土 上樑 造醬 安葬 月空 四相 陽德 三合 臨日 時陰 五合 (月厭 地火 死氣 九坎 九焦) 大空亡	未丑	
十二日	木	六時三十七分 六時○分	三時五十六分 十七時二分	廿八日	癸卯	金	井	執	九紫	害	翁	宜祭祀祈福會親友出行結婚移徙上樑 時午 造醬安葬 忌 開市 立券 四相 (大時) 月破 天賊日 大空亡	未丑	
十三日	金	六時三十八分 五時五十九分	四時五十四分 十七時二十三分	廿九日	甲辰	火	鬼	破	八白	殺	第	宜祭祀破屋 忌 祈福 會親友 出行 結婚 移徙 求醫療病 動土 上樑 立券 交易 造醬 納畜 破土 安葬 母倉 益後 解神 (大耗 四擊 九空 往亡)	申寅	
十四日	土	六時三十九分 五時五十七分	五時五十三分 十七時四十五分	三十日	乙巳	火	柳	危	七赤	富	竈	宜祭祀畋獵 忌 祈福 告祀 出行 求醫療病 針刺 修倉庫 開倉庫 出貨財 栽種 破土 安葬 陰德 續世 明堂 (遊禍 血忌 重日)	申寅	
十五日	㊐	●合朔二時五十五分		初一日	丙午	水	星	成	六白	天	婦	宜祭祀祈福會親友結婚移徙求醫療病上樑 時午 造醬安葬 忌 取魚 天德 月德 三合 天喜 (天刑)	酉卯	九月小 체육의 날
十六日	月	六時四十分 五時五十四分	七時五十六分 十八時三十四分	初二日	丁未	水	張	收	五黃	利	竈	宜畋獵 忌 祈福 告祀 會親友 出行 結婚 移徙 求醫療病 動土 上樑 造醬 交易 破屋 乘船渡水 栽種 納畜 安葬 母倉 玉宇 (河魁 月刑 五虛) 伏斷日	酉卯	

평균기온

・서울—十三度四分
・전주—十三度九分
・포항—十五度二分
・목포—十六度一分
・강릉—十四度四分
・대구—十四度二分
・부산—十六度六分
・제주—十六度八分

日	曜	時刻	陰曆	干支	納音	宿	直	九星	周堂	宜忌	時	記念日
十七日	火	六時四十一分 五時五十三分 / 九時一分 十九時五分	初三日	戊申	土	翼	開	四綠	安 第	宜祭祀祈福會親友出行結婚移徙求醫療病上樑 時巳 納畜 忌 伐木 取魚 天赦 驛馬 (厭對) 天賊日	酉卯	
十八日	水	六時四十二分 五時五十二分 / 十時九分 十九時四十三分	初四日	己酉	土	軫	閉	三碧	災 翁	宜沐浴大清掃 忌 祈福 會親友 出行 結婚 移徙 求醫療病 動土 上樑 造醬 立券 交易 安葬 天恩 官日 除神 寶光 (月害 天吏 致死 血支 五離)	戌辰	
十九日	木	六時四十三分 五時五十分 / 十一時十六分 二十時二十九分	初五日	庚戌	金	角	建	二黑	師 堂	宜祭祀會親友出行移徙 忌 祈福 結婚 求醫療病 動土 上樑 破屋 伐木 破土 安葬 天恩 母倉 月恩 守日 天馬 (月建 小時 土府) 月忌日	戌辰	
二十日	金	六時四十四分 五時四十九分 / 十二時二十一分 二十一時二十五分	初六日	辛亥	金	亢	除	一白	富 姑	宜祭祀祈福告祀會親友出行移徙上樑 時午 忌 結婚 求醫療病 造醬 交易 安葬 天德合 月德合 天恩 (劫煞 重日)	戌辰	
二十一日	土	六時四十五分 五時四十八分 / 十三時十九分 二十二時三十一分	初七日	壬子	木	氐	滿	九紫	殺 夫	宜祭祀沐浴 忌 祈福 告祀 會親友 出行 結婚 移徙 求醫療病 動土 上樑 造醬 納畜 安葬 月空 天恩 四相 時德 民日 (災煞 天火 大煞) 大空亡	亥巳	土王用事 警察의 날 문화의 날
二十二日	㊐	◐上弦十二時二十九分	初八日	癸丑	木	房	平	八白	害 廚	諸事不宜 吉神 天恩 母倉 四相 福生 凶神 死神 月煞 月虛 八專 觸水龍 元武 天罡日	亥巳	
二十三日	月	六時四十七分 五時四十五分 / 十四時五十分	初九日	甲寅	水	心	定	七赤	天 婦	忌 祭祀 祈福 告祀 會親友 出行 結婚 移徙 求醫療病 動土 上樑 造醬 交易 安葬 陽德 三合 臨日 時陰 五合 司命 鳴吠對 (月厭 地火 死氣 四廢 九坎) 수사일	亥巳	重陽節
二十四日	火	六時四十八分 五時四十四分 / 十五時二十四分 ○時五十八分	初十日	乙卯	水	尾	執	六白	利 竈	宜祭祀 忌 祈福 告祀 會親友 出行 結婚 移徙 求醫療病 動土 上樑 造醬 立券 交易 納畜 安葬 六合 聖心 五合 (大時 大敗 咸池 小耗 四廢 五虛)	午子	국제연합일
二十五日	水	六時四十九分 五時四十三分 / 十五時五十四分 二時十二分	十一日	丙辰	土	箕	破	五黃	安 第	宜祭祀 忌 祈福 告祀 會親友 結婚 移徙 求醫療病 動土 上樑 造醬 立券 交易 納畜 破土 安葬 天德 月德 母倉 益後 (大耗 四擊 九空) 伏斷日 月破日	未丑	
二十六日	木	六時五十分 五時四十一分 / 十六時二十二分 三時二十五分	十二日	丁巳	土	斗	危	四綠	災 翁	宜祭祀畋獵 忌 祈福 告祀 出行 求醫療病 修倉庫 開倉庫 出貨財 破土 安葬 陰德 續世 明堂 (遊禍 血忌 重日)	未丑	
二十七日	金	六時五十一分 五時四十分 / 十六時四十八分 四時三十八分	十三日	戊午	火	牛	成	三碧	師 堂	宜會親友出行結婚移徙求醫療病動土上樑 時午 造醬 忌 破土 安葬 三合 天喜 天醫 (四耗 復日 天刑)	未丑	
二十八日	土	六時五十二分 五時三十九分 / 十七時十六分 五時五十分	十四日	己未	火	女	收	二黑	富 姑	宜畋獵 忌 祈福 告祀 會親友 出行 結婚 移徙 求醫療病 動土 上樑 造醬 交易 破屋 栽種 納畜 破土 安葬 母倉 玉宇 (河魁 月刑 五虛 八專) 月忌日	申寅	矯正의 날
二十九日	㊐	○望五時二十四分	十五日	庚申	木	虛	開	一白	殺 夫	宜祭祀祈福出行移徙求醫療病動土上樑 時巳 栽種 忌 會親友 結婚 立券 交易 月恩 (厭對 招搖) 天賊日	申寅	지방자치의 날
三十日	月	六時五十四分 五時三十七分 / 十八時二十一分 八時十六分	十六日	辛酉	木	危	閉	九紫	害 廚	宜祭祀沐浴剃頭裁衣大清掃 忌 會親友 求醫療病 造醬 畋獵 取魚 天德合 月德合 官日 除神 (月害 天吏 致死 血支)	酉卯	
三十一日	火	六時五十五分 五時三十六分 / 十九時二分 九時二十八分	十七日	壬戌	水	室	建	八白	天 婦	宜祭祀祈福會親友出行結婚移徙求醫療病上樑 時巳 忌 動土 破屋 栽種 破土 月空 母倉 (月建 小時)	酉卯	금융의 날

霜降 一時二十一分 舊九月中

晝十時間五十六分 夜十三時間四分

太陽到臨 卯· 乙丙丁三奇 震坤坎

농사메모

•**벼농사**=①알차게 익은 벼는 베어서 적은 다발로 묶어 세워둠。②벼가 잘 건조된 것은 현장에서 탈곡。 •**밭농사**=①밀·보리를 늦어도 이달 중순까지 파종완료。②서리 오기 전에 고구마를 수확。③콩 종자를 품질 좋은 것으로 보관。 •**축산**=①소의 기종저 및 탄저 예방주사。②새끼돼지의 보조사료 먹이기 및 설사병 예방주사 실시。 •**잠업**=①뽕나무밭 골 사이에 호밀·녹비를 파종。②아고병 흰가루병 방제(캐프탄수화제 1주일 간격 살포)

이달의 主要略史

•**一日**=국군의 날로 공포(一九五六) •조선총독부 설치(一九一〇) •대구폭동 일어남(一九四六) •**四日**=姜在求소령 殉職(一九六五) •**六日**=인천지하철 개통(一九九九) •**七日**=南江 다목적댐 준공(一九六九) •**九日**=버마 아웅산 국립묘지 폭파 사건으로 서석준 부총리 외 十六명 殉職(一九八三) •**十一日**=제물포조약 체결(一八八二) •중고등학교 한국사 교과서 국정화 추진(二〇十五) •**十三日**=김대중 대통령 민주화 선봉·한반도 화해·아시아 평화개선 기여로 노벨평화상 한국인 첫 수상자로 발표(二〇〇〇) •**十四日**=반기문、유엔사무총장 선출(二〇〇六) •**十五日**=제5대 대통령 선거、박정희 당선(一九六三) •**十六日**=한국군 常綠樹部隊 동티모르 파병(一九九九)

•**十七日**=유신헌법 통과(一九七二) •한강인도교 준공(一九一七) •**十八日**=대한체육회、스포츠영웅에 피겨 여왕 김연아 선정(二〇十六) •**十九日**=여·순반란사건 발생(一九四八) •인천대교 개통(二〇〇九) •**二十日**=제3차 아시아·유럽 정상회의 서울에서 개최(二〇〇〇) •금강산 면회소에서 남북 이산가족 상봉(二〇十五) •**二十一日**=대한민국 경찰 창설(一九四五) •박정희 정권하 三選改憲(一九六九) •성수대교 붕괴(一九九四) •**二十二日**=개헌안 찬반 국민투표(一九八〇) •**二十六日**=안중근 의사 이등박문 저격(一九〇九) •박정희 대통령 중앙정보부장인 김재규에게 권총 피살(一九七九) •**二十七日**=대한적십자사 창설(一九四九) •제5공화국 헌법 공포(一九八〇)

十一月小 三十日

舊曆 自·九月十八日 至·十月十八日

七赤	三碧	五黃
六白	八白	一白
二黑	四綠	九紫

음둔하원 (二日)　학생독립운동기념일 (三日)　소방의 날 (九日)　農業人의 날 (十一日)　十月大 (十三日)

陽曆	曜日	日出(午前)	日入(午後)	月出	月入	陰曆	干支	納音五行	二十八宿	十二神	九星	移徙周堂	婚姻周堂	行事宜日및忌日 吉神(凶神)	潮滿
一日	水	六時五十六分	五時三十五分	十九時四十九分	十時三十六分	十八日	癸亥	水	壁	除	七赤	利	竈	宜祭祀沐浴大淸掃 忌 求醫療病 築堤防 動土 修倉庫 破屋 栽種 破土 安葬 四相 相日 吉期 五富 玉堂 (劫煞 五虛 土符) 伏斷日	酉卯
二日	木	六時五十七分	五時三十三分	二十時四十三分	十一時三十七分	十九日	甲子	金	奎	滿	六白	安	第	宜祭祀沐浴 忌 祈福 告祀 會親友 出行 結婚 移徙 求醫療病 動土 上樑 造醬 交易 納畜 安葬 天恩 時德 民日 福德 (災煞 天火 大煞 歸忌)	戌辰
三日	金	六時五十八分	五時三十二分	二十一時四十二分	十二時二十九分	二十日	乙丑	金	婁	平	五黃	災	翁	諸事不宜 吉神 天恩 母倉 福生 凶神 死神 月煞 月虛 元武 天罡日 大空亡	戌辰
四日	土	六時五十九分	五時三十一分	二十二時四十四分	十三時十二分	廿一日	丙寅	火	胃	定	四綠	師	堂	忌 祭祀 出行 結婚 移徙 求醫療病 補垣 伐木 畋獵 取魚 乘船渡水 栽種 天德 月德 天恩 陽德 三合 臨日 時陰 (月厭 地火 死氣 九坎 九焦) 수사일	戌辰
五日	㊐	◑下弦十七時三十七分				廿二日	丁卯	火	昴	執	三碧	富	姑	宜祭祀祈福告祀會親友結婚造醬畋獵納畜破土安葬 忌 開市 立券 交易 天恩 六合 (大時)	亥巳
六日	月	七時一分	五時二十九分		十四時十七分	廿三日	戊辰	木	畢	破	二黑	殺	夫	宜祭祀 忌 祈福 告祀 會親友 結婚 移徙 求醫療病 動土 上樑 造醬 立券 交易 安葬 天恩 母倉 不將 益後 (大耗 四擊 九空 往亡) 月破日 月忌日	亥巳
七日	火	七時三分	五時二十八分	○時四十六分	十四時四十二分	廿四日	己巳	木	觜	危	一白	害	廚	宜祭祀畋獵 忌 祈福 告祀 出行 求醫療病 修倉庫 開倉庫 出貨財 破土 安葬 陰德 續世 明堂 (遊禍 血忌 重日)	亥巳
八日	水	七時四分	五時二十七分	一時四十五分	十五時五分	廿五日	庚午	土	參	危	九紫	天	婦	宜祭祀祈福會親友出行結婚移徙動土上樑 午時 安葬 忌 求醫療病 月德合 月空 (天吏 致死 五虛)	午子

立冬 一時三十六分 舊十月節

晝十時間二十三分 夜十三時間三十七分

癸亥月建 太陽到臨 甲· 乙丙丁三奇 坤坎離

陽曆	曜日	日出(午前)	日入(午後)	月出	月入	陰曆	干支	納音五行	二十八宿	十二神	九星	移徙周堂	婚姻周堂	行事宜日및忌日 吉神(凶神)	潮滿
九日	木	七時五分	五時二十七分	二時四十三分	十五時二十七分	廿六日	辛未	土	井	成	八白	利	竈	宜祭祀祈福會親友結婚動土上樑 巳時 開市交易 忌 出行 移徙 求醫療病 造醬 三合 臨日 (厭對 招搖)	未丑
十日	金	七時六分	五時二十六分	三時四十二分	十五時四十八分	廿七日	壬申	金	鬼	收	七赤	安	第	宜沐浴大淸掃伐木 忌 祈福 會親友 出行 結婚 移徙 求醫療病 上樑 造醬 安葬 母倉 除神 鳴吠 (劫煞 月害 復日 五離) 伏斷日 天賊日	未丑
十一日	土	七時七分	五時二十五分	四時四十二分	十六時十一分	廿八日	癸酉	金	柳	開	六白	災	翁	宜祭祀沐浴大淸掃 忌 會親友 結婚 求醫療病 造醬 立券 交易 伐木 取魚 母倉 時陽 生氣 聖心 除神 (災煞 天火 五離 朱雀)	未丑
十二日	㊐	七時八分	五時二十四分	五時四十四分	十六時三十六分	廿九日	甲戌	火	星	閉	五黃	師	堂	宜祭祀 忌 祈福 告祀 會親友 出行 結婚 移徙 求醫療病 動土 上樑 立券 交易 造醬 栽種 安葬 月德 四相 益後 金匱 (月煞 月虛 血支 五虛) 大空亡	申寅
十三日	月	●合朔十八時二十七分				初一日	乙亥	火	張	建	四綠	安	夫	宜祭祀沐浴 忌 求醫療病 築堤防 動土 修倉庫 破屋 伐木 畋獵 取魚 乘船渡水 天德 月恩 四相 續世 (月建 小時 土府 月刑 九坎 重日) 大空亡	酉卯
十四日	火	七時十分	五時二十二分	七時五十七分	十七時四十一分	初二日	丙子	水	翼	除	三碧	利	姑	宜出行移徙沐浴剃頭求醫療病大淸掃破土 忌 取魚 乘船渡水 官日 天馬 吉期 (大時 大敗 咸池 觸水龍 白虎)	酉卯
十五日	水	七時十一分	五時二十二分	九時六分	十八時二十五分	初三日	丁丑	水	軫	滿	二黑	天	堂	宜祭祀 忌 祈福 會親友 出行 結婚 移徙 求醫療病 動土 上樑 造醬 交易 安葬 守日 天巫 福德 玉宇 玉堂 (月厭 地火 九空 大煞 歸忌 孤辰) 天賊日	酉卯
十六日	木	七時十二分	五時二十一分	十時十三分	十九時二十分	初四日	戊寅	土	角	平	一白	害	翁	宜會親友出行結婚移徙上樑 巳時 造醬安葬 忌 祭祀 祈福 求醫療病 動土 栽種 時德 相日 六合 (河魁 死神)	戌辰

평균기온

- 서울—六度三分
- 전주—七度八分
- 포항—九度九分
- 목포—十度三分
- 강릉—八度八分
- 대구—七度八分
- 부산—十一度一分
- 제주—十二度一分

殉國先烈의 날

十七日	金	七時十三分 五時二十分	十一時十四分 二十時二十三分	初五日	己卯	土	亢	定	九紫	殺	第	宜祭祀祈福會親友出行結婚移徙上樑 時午 造醬安葬 忌 求醫療病 月德合 天恩 陰德 (死氣 元武)月忌日	戌辰
十八日	土	七時十四分 五時二十分	十二時七分 二十一時三十四分	初六日	庚辰	金	氐	執	八白	富	竈	宜祭祀祈福會親友結婚移徙求醫療病上樑 時巳 安葬 忌 出行 動土 破屋 栽種 天德合 月空 (小耗)	戌辰
十九日	㊐	七時十五分 五時十九分	十二時五十分 二十二時四十八分	初七日	辛巳	金	房	破	七赤	師	婦	宜求醫療病破屋 忌 祈福 告祀 會親友 出行 結婚 移徙 上樑 造醬 交易 栽種 安葬 天恩 驛馬 天后 天倉 不將 (大耗 重日) 伏斷 月破日	亥巳
二十日	月	◐上弦十九時五十分		初八日	壬午	木	心	危	六白	災	廚	宜祭祀會親友伐木 忌 祈福 告祀 出行 結婚 移徙 求醫療病 動土 上樑 立券 交易 栽種 安葬 天恩 不將 普護 (天吏 致死 五虛 復日)	亥巳
二十一日	火	七時十七分 五時十八分	十三時五十七分 ○時一分	初九日	癸未	木	尾	成	五黃	安	夫	宜祭祀祈福會親友結婚動土上樑 時巳 造醬交易 忌 出行 移徙 求醫療病 取魚 天恩 三合 (厭對 招搖) 大空亡	亥巳
二十二日	水	七時十八分 五時十七分	十四時二十四分 一時十三分	初十日	甲申	水	箕	收	四綠	利	姑	宜祭祀祈福會親友出行結婚移徙上樑 時巳 安葬 忌 求醫療病 取魚 月德 母倉 (劫煞) 수사일 天罡日 大空亡	午子

小雪 二十三時三分 舊十月中

晝九時間五十九分 夜十四時間一分

太陽到臨 子· 乙丙丁三奇 坤坎離

二十三日	木	七時十九分 五時十七分	十四時五十分 二時二十三分	十一日	乙酉	水	斗	開	三碧	天	堂	宜祭祀祈福出行結婚移徙動土上樑 時午 納畜 忌 會親友 求醫療病 伐木 栽種 天德 母倉 (災煞 天火) 大空亡	未丑
二十四日	金	七時二十分 五時十六分	十五時十六分 三時三十三分	十二日	丙戌	土	牛	閉	二黑	害	翁	諸事不宜 吉神 益後 金匱 凶神 月煞 月虛 血支 五虛	未丑
二十五日	土	七時二十一分 五時十六分	十五時四十四分 四時四十三分	十三日	丁亥	土	女	建	一白	殺	第	宜祭祀沐浴 忌 祈福 會親友 出行 結婚 移徙 求醫療病 上樑 造醬 交易 破屋 栽種 安葬 王日 續世 寶光 (月建 小時 土府 月刑 九坎 重日)	未丑
二十六日	㊐	七時二十二分 五時十六分	十六時十六分 五時五十五分	十四日	戊子	火	虛	除	九紫	富	竈	宜沐浴大清掃 忌 祈福 出行 結婚 移徙 求醫療病 動土 上樑 立券 交易 栽種 納畜 官日 天馬 吉期 要安 (大時 大敗 咸池) 伏斷日 月忌日	申寅
二十七日	月	○望十八時十六分		十五日	己丑	火	危	滿	八白	師	婦	宜祭祀 忌 冠帶 出行 結婚 移徙 求醫療病 伐木 畋獵 取魚 栽種 月德合 守日 天巫 福德 玉宇 玉堂 (月厭 地火 九空 大煞 歸忌) 天賊日	申寅
二十八日	火	七時二十四分 五時十五分	十七時三十八分 八時十六分	十六日	庚寅	木	室	平	七赤	災	廚	宜會親友出行結婚移徙動土上樑 時巳 造醬交易安葬 忌 祭祀 祈福 求醫療病 月空 (河魁 死神) 伏斷日	酉卯
二十九日	水	七時二十五分 五時十五分	十八時三十分 九時二十一分	十七日	辛卯	木	壁	定	六白	安	夫	宜會親友出行結婚移徙動土上樑 時午 交易破土 忌 求醫療病 造醬 栽種 陰德 民日 三合 (死氣)	酉卯
三十日	木	七時二十六分 五時十四分	十九時二十八分 十時十八分	十八日	壬辰	水	奎	執	五黃	利	姑	宜沐浴裁衣 忌 出行 結婚 移徙 求醫療病 動土 上樑 立券 交易 納財 破屋 栽種 安葬 陽德 不將 解神 (小耗 五墓 土符 復日) 大空亡	酉卯

농사메모

• **벼농사**=①벼를 수분함량 十五% 이내가 되도록 건조해서 저장。②순도높은 채종포산이나 시범단지산 종자를 교환。 • **밭농사**=①밀·보리밭에 첫번째 흙넣기와 보리밭 밟기。②논보리 배수구 정비。③고구마 저장관리。 • **경제작물**=①김장채소의 수확 저장 및 김장。②비닐하우스에 고추·오이·토마토·상추 등을 재배。③마늘·시금치·딸기밭 보온에 주력。④사과·배·포도 등 과수의 묘목을 재배。 • **축산**=①모든 축사의 보온시설 설치。②가축 내부의 기생충 박멸。③암퇘지 접종。④석회 볏짚을 먹이로 사용。 • **잠업**=①뽕나무 가을심기(퇴비를 넣고)。②오갈병이 든 뽕나무는 캐어서 태운다。③뽕나무 버섯을 수확。

이달의 主要略史

• **一日**=독립문 건축 起工(一九〇六) •韓蘇修交(一九九〇) • **二日**=한일 첫 정상회담(二〇十五) • **三日**=光州학생운동 일어남(一九二九) •신종 플루 감염(二〇〇九) • **七日**=한미연합사령부 창설(一九七八) • **八日**=무안국제공항 개항(二〇〇七) • **十日**=京釜線철도 완공(一九〇四) • **十四日**=湖南~南海間 고속도로 개통(一九七三) • **十五日**=가정의례준칙 확정(一九六八) •북한이 판 南侵 땅굴 첫 발견(一九七四) •경북 포항에서 규모 5。4 지진 발생(二〇十七) • **十七日**=韓美상호방위조약 발효(一九五四) • **十八日**=현대 금강호 금강산 관광 첫 출항(一九九八) • **二十一日**=유신헌법 찬반 위한 국민투표 실시(一九七二·통과) •IMF구제금융 신청(一九九七) • **二十三日**=신의주 학생사건 발발(一九四五) • **二十六日**=제6대 국회의원 선거(一九六三) • **二十七日**=카이로선언(一九四三) •전통 농악 유네스코 무형문화유산에 등재(二〇十四) •영도대교、四十七년만에 도개교로 개통(二〇十三) • **二十九日**=3선개헌안 부결된 뒤 사사오입법에 의해 헌법개정 통과(一九五四) • **三十日**=서울 시내 전차 七十년만에 철거(一九六八)

十二月大 三十一日

舊曆 自·十月十九日 至·十一月十九日

평균기온
- ·서울—영하一度二分
- ·전주—一度七分
- ·포항—三度四分
- ·목포—四度三分
- ·강릉—二度四分
- ·대구—一度四分
- ·부산—五度○分
- ·제주—七度六分

六白	二黑	四綠
五黃	七赤	九紫
一白	三碧	八白

3日 消費者의 날 · 5日 貿易의 날 · 10日 세계인권선언일 · 13日 十一月小

陽曆	曜日	日出(午前) 日入(午後)	月出 月入	陰曆	干支	納音五行	二十八宿	十二神	九星	移徙周堂	婚姻周堂	行事宜日 및 忌日 / 吉神(凶神)	潮滿
一日	金	七時二十七分 五時十四分	二十時二十九分 十一時六分	十九日	癸巳	水	婁	破	四綠	天	堂	宜求醫療病破屋 忌 祈福 告祀 會親友 出行 結婚 移徙 上樑 造醬 交易 栽種 安葬 / 驛馬 天后 天倉 不將 (大耗 重日) 月破日 大空亡	戌辰
二日	土	七時二十八分 五時十四分	二十一時三十二分 十一時四十五分	二十日	甲午	金	胃	危	三碧	害	翁	宜祭祀祈福出行結婚移徙動土上樑 時午 栽種安葬 忌 求醫療病 取魚 / 月德 四相 (天吏 致死) 大空亡	戌辰
三日	㊐	七時二十九分 五時十四分	二十二時三十三分 十二時十七分	廿一日	乙未	金	昴	成	二黑	殺	第	宜祭祀祈福會親友結婚動土上樑 時巳 造醬交易安葬 忌 出行 移徙 求醫療病 / 天德 月恩 (厭對 招搖)	戌辰
四日	月	七時三十分 五時十四分	二十三時三十三分 十二時四十四分	廿二日	丙申	火	畢	收	一白	富	竈	宜沐浴大淸掃 忌 祈福 會親友 出行 結婚 移徙 求醫療病 動土 上樑 造醬 安葬 / 母倉 除神 鳴吠 (劫煞 月害 五離 天刑) 수사일 天罡日	亥巳
五日	火	◑下弦十四時四十九分		廿三日	丁酉	火	觜	開	九紫	師	婦	宜祭祀沐浴大淸掃 忌 會親友 結婚 剃頭 求醫療病 造醬 立券 交易 畋獵 取魚 / 母倉 時陽 生氣 除神 (災煞 天火 五離) 伏斷日 月忌日	亥巳
六日	水	七時三十二分 五時十三分	○時三十一分 十三時二十九分	廿四日	戊戌	木	參	閉	八白	災	廚	諸事不宜 / 吉神 益後 金匱 凶神 月煞 月虛 血支 五虛 絕陽	亥巳
七日	木	七時三十三分 五時十三分	一時二十九分 十三時五十一分	廿五日	己亥	木	井	閉	七赤	安	夫	宜沐浴裁衣築堤防 忌 祈福 會親友 出行 結婚 移徙 求醫療病 動土 上樑 進人口 出貨財 破土 安葬 / 王日 (遊禍 血支 重日 朱雀)	午子
八日	金	七時三十四分 五時十三分	二時二十七分 十四時十二分	廿六日	庚子	土	鬼	建	六白	利	姑	諸事不宜 / 吉神 官日 敬安 金匱 鳴吠對 凶神 月建 小時 土符 月厭 地火	未丑
九日	土	七時三十五分 五時十四分	三時二十八分 十四時三十六分	廿七日	辛丑	土	柳	除	五黃	天	堂	宜祭祀祈福會親友出行結婚沐浴求醫療病立券交易納畜安葬 忌 冠帶 造醬 / 陰德 天賊日	未丑
十日	㊐	七時三十五分 五時十四分	四時三十一分 十五時四分	廿八日	壬寅	金	星	滿	四綠	害	翁	宜會親友出行結婚求醫療病動土上樑 時巳 交易納畜安葬 忌 祭祀 移徙 / 月德 (五虛) 大空亡	未丑
十一日	月	七時三十六分 五時十四分	五時三十八分 十五時三十七分	廿九日	癸卯	金	張	平	三碧	殺	第	諸事不宜 / 吉神 民日 五合 玉堂 鳴吠對 凶神 死神 月刑 天吏 致死 復日 大空亡	申寅
十二日	火	七時三十七分 五時十四分	六時四十八分 十六時十八分	三十日	甲辰	火	翼	定	二黑	富	竈	宜祭祀祈福會親友出行結婚移徙上樑 時巳 造醬交易 忌 求醫療病 栽種 / 月恩 四相 三合 (死氣 天牢)	申寅
十三日	水	●合朔八時三十二分		初一日	乙巳	火	軫	執	一白	天	婦	宜祭祀捕捉 忌 祈福 會親友 出行 結婚 移徙 求醫療病 動土 上樑 造醬 立券 交易 栽種 安葬 / 四相 五富 益後 (劫煞 小耗 重日 元武)	酉卯
十四日	木	七時三十八分 五時十四分	九時三分 十八時十一分	初二日	丙午	水	角	破	九紫	利	竈	諸事不宜 / 吉神 月空 陽德 六儀 續世 解神 司命 鳴吠 凶神 大耗 災煞 天火 厭對 招搖 四廢 五虛 陰陽擊衝 伏斷 月破 天賊日	酉卯
十五日	金	七時三十九分 五時十五分	十時一分 十九時二十一分	初三日	丁未	水	亢	危	八白	安	第	宜祭祀伐木 忌 結婚 剃頭 求醫療病 畋獵 取魚 / 月德合 要安 (月煞 月虛 月害 四擊 八專 勾陳)	酉卯
十六日	土	七時四十分 五時十五分	十時四十八分 二十時三十六分	初四日	戊申	土	氐	成	七赤	災	翁	宜會親友出行結婚移徙求醫療病上樑 時巳 造醬交易 忌 動土 破屋 乘船渡水 / 母倉 三合 (九坎)	戌辰

大雪 十八時三十三分 舊十一月節

晝九時間四十分 夜十四時間二十分

甲子月建 太陽到臨 艮· 乙丙丁三奇 坤坎離

이달의 主要略史

•二日=大淸다목적댐 준공(一九八〇)•한글학회 창립(一九二一)•四日=郵政局 창설(一八八四)•남산2호터널 개통(一九七〇)•五日=무역수지 1조달러 돌파(二〇十一)•六日=제十대 대통령에 최규하씨 선출(一九七九)•九日=상해 임시정부 일본에 선전포고(一九四二)•철도노조 최장기 파업(二〇十三)•十日=김대중 대통령 노벨평화상 수상(二〇〇〇)•十一日=KAL機 납북(一九六九)•十二日=UN 한국 승인(一九四八)•제十대 국회의원 선거(一九七八)•울산에서 국내 최초로 친환경 수소택시 시범 운행(二〇十六)•十三日=부산과 거제시를 잇는 거가대교 개통(二〇十〇)•十六日=제十三대 대통령 선거(一九八七·노태우씨 당선)•제十四대 대통령 선거(一九九二·김영삼씨 당선)•제十五대 대통령 선거(一九九七·김대중씨 당선)•十七日=제5대 대통령에 박정희씨 취임으로 제3공화국 출범(一九六三)•十九日=윤봉길의사 순국(一九三二)•제十六대 대통령 선거(二〇〇二·노무현씨 당선)•제十七대 대통령 선거(二〇〇七·이명박씨 당선)•제十八대 대통령 선거(二〇十二·박근혜씨 당선)•二十一日=최규하씨 제十대 대통령 취임(一九七九)•二十三日=統代의원 제8대 대통령에 박정희씨 선출(一九七二)•二十四日=二·四파동(一九五八)•三十日=호남고속도로 개통(一九七〇)

농사메모

•**벼농사**=①중점토 및 염해지는 가을갈이 실시。②질흙함량 十% 미만인 사토나 추락탑에 객토(客土)。•**밭농사**=①밀·보리에 왕겨나 썩은 짚·퇴비·두엄 등을 덮어 동해(凍害)를 방지。②고구마·감자의 습도관리。•**경제작물**=①비닐하우스내 보온 조절。②월동 채소에 짚이나 두엄 등을 덮어둔다。③과실 저장고의 온도 습도 관리。•**축산**=①닭의 뉴캐슬병 예방주사。②사료의 칼슘·무기질 등의 부족방지에 유의。•**잠업**=①부족한 잠구를 제조하고 망가진 잠구는 수리。②새마을 영농교육에 참여 잠업기술 익힘。

冬至 十二時二十七分 舊十一月中

晝九時間三十四分 夜十四時間二十六分

太陽到臨 丑・乙丙丁三奇 中乾兌

十七日	ⓐ日	七時四十分 五時十五分	十一時二十七分 二十一時五十二分	初五日	己酉	土	房	收	六白	師	堂	宜沐浴大淸掃 忌祈福 會親友 出行 結婚 移徙 求醫療病 動土 上樑 造醬 交易 安葬 天恩 母倉 金堂 除神 (河魁 大時 大敗 咸池) 月忌日	戌辰
十八日	月	七時四十一分 五時十六分	十二時〇分 二十三時四分	初六日	庚戌	金	心	開	五黃	富	姑	宜祭祀祈福會親友動土上樑 時巳 栽種 忌出行 進人口 移徙 求醫療病 伐木 天恩 時陽 生氣 (五虛 九空 往亡)	戌辰
十九日	火	七時四十二分 五時十六分	十二時二十八分	初七日	辛亥	金	尾	閉	四綠	殺	夫	宜沐浴裁衣築堤防 忌祈福 會親友 出行 結婚 移徙 求醫療病 開倉庫 安葬 天恩 王日 (遊禍 血支 重日 朱雀)	亥巳
二十日	水	◐上弦三時三十九分		初八日	壬子	木	箕	建	三碧	害	廚	諸事不宜 吉神 月德 天恩 官日 敬安 金匱 鳴吠對 凶神 月建 小時 土府 月厭 地火 四忌 六蛇 大會 陰陽俱錯 大空亡	亥巳
二十一日	木	七時四十三分 五時十七分	十三時十九分 一時二十四分	初九日	癸丑	木	斗	除	二黑	天	婦	宜祭祀祈福會親友結婚移徙求醫療病上樑 時巳 造醬 忌取魚 乘船渡水 天恩 天願 (復日) 伏斷日	亥巳
二十二日	金	七時四十三分 五時十七分	十三時四十六分 二時三十三分	初十日	甲寅	水	牛	滿	一白	利	竈	宜會親友出行求醫療病動土上樑 時巳 交易 忌祭祀 結婚 移徙 乘船渡水 月恩 四相 時德 (五虛 八風)	午子
二十三日	土	七時四十四分 五時十八分	十四時十六分 三時四十二分	十一日	乙卯	水	女	平	九紫	安	第	諸事不宜 吉神 四相 民日 五合 玉堂 鳴吠對 凶神 死神 月刑 天吏 致死 伏斷日 수사일 天罡日	未丑
二十四日	ⓐ日	七時四十四分 五時十八分	十四時五十分 四時五十二分	十二日	丙辰	土	虛	定	八白	災	翁	宜祭祀祈福會親友結婚進人口上樑 時巳 造醬納畜 忌求醫療病 栽種 月空 三合 臨日 時陰 (死氣)	未丑
二十五日 (성탄절)	月	七時四十五分 五時十九分	十五時三十一分 六時一分	十三日	丁巳	土	危	執	七赤	師	堂	宜祭祀捕捉 忌祈福 會親友 出行 結婚 移徙 求醫療病 動土 上樑 造醬 立券 交易 安葬 月德合 五富 不將 益後 (劫煞 小耗 四廢 重日 元武)	未丑
二十六日	火	七時四十五分 五時二十分	十六時十九分 七時七分	十四日	戊午	火	室	破	六白	富	姑	諸事不宜 吉神 陽德 六儀 續世 解神 司命 凶神 大耗 災煞 天火 厭對 招搖 五虛 血忌 月破 月忌 天賊日	申寅
二十七日	水	○望九時三十三分		十五日	己未	火	壁	危	五黃	殺	夫	宜伐木畋獵 忌祈福 告祀 會親友 出行 結婚 移徙 求醫療病 動土 上樑 造醬 開市 交易 納畜 安葬 要安 (月煞 月虛 月害 四擊 八專 勾陳)	申寅
二十八日	木	七時四十六分 五時二十一分	十八時十五分 八時五十八分	十六日	庚申	木	奎	成	四綠	害	廚	宜會親友出行移徙求醫療病上樑 時巳 造醬安葬 忌結婚 動土 破屋 栽種 破土 母倉 三合 (九坎 九焦 土苻)	酉卯
二十九日	金	七時四十六分 五時二十二分	十九時十八分 九時四十分	十七日	辛酉	木	婁	收	三碧	天	婦	宜沐浴大淸掃 忌祈福 告祀 會親友 出行 結婚 移徙 求醫療病 動土 上樑 造醬 交易 納畜 安葬 母倉 金堂 除神 (河魁 大時 大敗)	酉卯
三十日	土	七時四十六分 五時二十二分	二十時二十分 十時十五分	十八日	壬戌	水	胃	開	二黑	利	竈	宜祭祀祈福會親友結婚上樑 時巳 栽種 忌出行 進人口 移徙 求醫療病 伐木 月德 時陽 生氣 (五虛 九空) 伏斷日	酉卯
三十一日	ⓐ日	七時四十七分 五時二十三分	二十一時二十一分 十時四十四分	十九日	癸亥	水	昴	閉	一白	安	第	宜沐浴 忌祈福 告祀 會親友 出行 結婚 移徙 求醫療病 動土 上樑 交易 安葬 王日 (遊禍 血支 四窮 六蛇 復日 重日 朱雀)	戌辰

양둔상원
新正

十二月大

五黃	一白	三碧
四綠	六白	八白
九紫	二黑	七赤

(2024年) 一月大 三十一日

舊曆 自·前年十一月二十日 至·前年十二月二十一日

평균기온
- 서울－영하四度九分
- 전주－영하一度七分
- 포항－〇度六分
- 목포－一度〇分
- 강릉－영하一度〇分
- 대구－영하一度六分
- 부산－一度八分
- 제주－四度八分

陽曆	曜日	日出(午前) 日入(午後)	月出 月入	陰曆	干支	納音五行	二十八宿	十二神	九星	移徙周堂	婚姻周堂	行事宜日및忌日 吉神(凶神)	潮滿
一日	月			二十日	甲子	金	畢	建	一白	災	翁	宜祭祀沐浴 忌 祈福 告祀 會親友 出行 結婚 移徙 求醫療病 動土 上樑 造醬 交易 安葬 天恩 天赦 月恩 四相 (月建 小時 土府 月厭 地火)	戌辰
二日	火			廿一日	乙丑	金	觜	除	二黑	師	堂	宜祭祀祈福會親友出行結婚移徙求醫療病上樑 時巳 造醬安葬 忌 栽種 天恩 四相 大空亡	戌辰
三日	水			廿二日	丙寅	火	參	滿	三碧	富	姑	宜會親友出行動土上樑 時巳 立券交易 忌 祭祀 結婚 移徙 求醫療病 修倉庫 月空 天恩 時德 相日 (五虛 歸忌)	亥巳
四日	木			廿三日	丁卯	火	井	平	四綠	殺	夫	宜祭祀 忌 祈福 會親友 出行 結婚 移徙 求醫療病 動土 上樑 造醬 交易 破屋 安葬 月德合 天恩 民日 不將 (死神 月刑 天吏) 月忌 天罡日 수사일	亥巳
五日	金			廿四日	戊辰	木	鬼	定	五黃	害	廚	宜祭祀祈福會親友結婚進入口上樑 時巳 造醬納畜 忌 求醫療病 栽種 天恩 三合 臨日 時陰 (死氣)	亥巳
六日	土			廿五日	己巳	木	柳	定	六白	天	婦	宜會親友結婚動土上樑 時午 造醬立券交易 忌 出行 求醫療病 乘船渡水 安葬 三合 時陰 (厭對 招搖 復日 重日)	午子

小寒 五時四十九分 舊十二月節

乙丑月建 太陽到臨 癸·乙丙丁三奇 中乾兌

陽曆	曜日	日出(午前) 日入(午後)	月出 月入	陰曆	干支	納音五行	二十八宿	十二神	九星	移徙周堂	婚姻周堂	行事宜日및忌日 吉神(凶神)	潮滿
七日	㊐			廿六日	庚午	土	星	執	七赤	利	竈	宜祭祀祈福會親友出行結婚移徙上樑 時午 栽種安葬 忌 求醫療病 畋獵 取魚 天德 (月害) 月破 天賊日	未丑
八日	月			廿七日	辛未	土	張	破	八白	安	第	宜祭祀破屋 忌 祈福 會親友 出行 結婚 移徙 求醫療病 動土 上樑 造醬 立券 交易 栽種 伐木 安葬 月恩 普護 (大耗 四擊 九空) 伏斷日	未丑
九日	火			廿八日	壬申	金	翼	危	九紫	災	翁	宜祭祀造醬開市伐木畋獵栽種納畜安葬 忌 祈福 會親友 結婚 求醫療病 交易 母倉 陽德 五富 福生 (遊禍 五離)	未丑
十日	水			廿九日	癸酉	金	軫	成	一白	師	堂	宜出行結婚移徙求醫療病上樑 時午 造醬交易安葬 忌 會親友 動土 破屋 栽種 母倉 三合 (大煞 五離)	申寅
十一日	木			初一日	甲戌	火	角	收	二黑	安	夫	宜祭祀捕捉 忌 祈福 會親友 出行 結婚 移徙 求醫療病 動土 上樑 造醬 交易 立券 栽種 安葬 月空 四相 聖心 (月刑 五虛) 天罡日 大空亡	酉卯
十二日	金			初二日	乙亥	火	亢	開	三碧	利	姑	宜祭祀祈福會親友動土上樑 時午 開市 忌 出行 結婚 移徙 求醫療病 伐木 栽種 天德合 四相 (月厭 重日) 天賊日 大空亡	酉卯
十三日	土			初三日	丙子	水	氐	閉	四綠	天	堂	宜祭祀造醬安葬 忌 祈福 會親友 出行 結婚 移徙 求醫療病 動土 上樑 交易 官日 六合 不將 續世 (天吏 致死 血支 土符 歸忌 血忌)	酉卯
十四日	㊐			初四日	丁丑	水	房	建	五黃	害	翁	忌 祈福 告祀 出行 結婚 移徙 求醫療病 動土 上樑 修倉庫 出貨財 破屋 伐木 栽種 破土 安葬 守日 不將 要安 (月建 小時 土府 往亡 朱雀)	戌辰
十五日	月			初五日	戊寅	土	心	除	六白	殺	第	宜沐浴大清掃 忌 祭祀 出行 求醫療病 開倉庫 修倉庫 出貨財 破土 安葬 時德 相日 吉期 玉堂 五合 金匱 (劫煞 五虛) 月忌日	戌辰
十六日	火			初六日	己卯	土	尾	滿	七赤	富	竈	宜祭祀 忌 祈福 會親友 出行 結婚 移徙 求醫療病 動土 上樑 造醬 開市 立券 交易 納畜 破土 安葬 天恩 民日 天巫 福德 天倉 (災煞 天火 復日)	戌辰

土王用事 (十八日)

臘享 (二十日)

양력	요일	음력	日辰	納音	宿	建除	九星			宜忌	時
十七日	水	初七日	庚辰	金	箕	平	八白	師	婦	宜祭祀 忌祈福 會親友 出行 結婚 移徙 求醫療病 動土 上樑 造醬 開市 立券 栽種 破土 安葬 天德 月德 天恩 天馬 不將 (河魁 死神 月煞) 伏斷日	亥巳
十八日	木	初八日	辛巳	金	斗	定	九紫	災	廚	宜祭祀祈福會親友結婚移徙動土上樑 時午 交易納畜 忌出行 求醫療病 造醬 安葬 天恩 月恩 (厭對)	亥巳
十九日	金	初九日	壬午	木	牛	執	一白	安	夫	宜伐木 忌祈福 會親友 出行 結婚 移徙 求醫療病 動土 上樑 造醬 開市 立券 栽種 納畜 破土 安葬 天恩 敬安 解神 (月害 大時 大敗 咸池 小耗)	亥巳
二十日	土	初十日	癸未	木	女	破	二黑	利	姑	宜祭祀 忌祈福 會親友 出行 結婚 移徙 求醫療病 動土 上樑 造醬 開市 立券 栽種 納畜 破土 安葬 天恩 普護 (大耗 四擊 九空 元武) 月破日 大空亡	午子

大寒 二十三時七分 舊十二月中

太陽到臨 子 · 乙丙丁三奇 中乾兌

양력	요일	음력	日辰	納音	宿	建除	九星			宜忌	時
二十一日	㊐	十一日	甲申	水	虛	危	三碧	天	堂	宜祭祀出行移徙動土上樑 時巳 造醬安葬 忌祈福 告祀 會親友 結婚 求醫療病 月空 母倉 四相 (遊禍 五離) 大空亡	未丑
二十二日	月	十二日	乙酉	水	危	成	四綠	害	翁	宜祭祀祈福出行結婚移徙求醫療病上樑 時午 造醬安葬 忌會親友 栽種 天德合 (大煞) 수사일 大空亡	未丑
二十三日	火	十三日	丙戌	土	室	收	五黃	殺	第	宜祭祀 忌祈福 會親友 出行 結婚 移徙 求醫療病 動土 上樑 造醬 開市 立券 交易 破屋 栽種 納畜 破土 安葬 聖心 青龍 (月刑 五虛) 天罡日	未丑
二十四日	水	十四日	丁亥	土	壁	開	六白	富	竈	宜祭祀 忌祈福 會親友 出行 結婚 移徙 求醫療病 動土 上樑 造醬 開市 立券 栽種 破土 安葬 陰德 王日 驛馬 天后 (月厭 地火) 伏斷 月忌 天賊日	申寅
二十五日	木	十五日	戊子	火	奎	閉	七赤	師	婦	宜祭祀沐浴 忌祈福 會親友 出行 結婚 移徙 求醫療病 動土 上樑 立券 交易 破土 官日 六合 續世 (天吏 致死 血支 土符 歸忌 血忌 天刑)	申寅
二十六日	金	十六日	己丑	火	婁	建	八白	災	廚	宜裁衣 忌祈福 告祀 出行 結婚 移徙 求醫療病 動土 上樑 破屋 伐木 取魚 栽種 破土 安葬 守日 不將 要安 (月建 小時 土府 往亡 復日 朱雀)	酉卯
二十七日	土	十七日	庚寅	木	胃	除	九紫	安	夫	宜會親友結婚移徙動土上樑 時巳 交易納畜安葬 忌祭祀 出行 求醫療病 取魚 天德 月德 時德 (劫煞 五虛)	酉卯
二十八日	㊐	十八日	辛卯	木	昴	滿	一白	利	姑	宜祭祀 忌祈福 會親友 出行 結婚 移徙 求醫療病 動土 上樑 造醬 開市 立券 栽種 納畜 破土 安葬 月恩 民日 天巫 福德 天倉 不將 (災煞 天火)	酉卯
二十九日	月	十九日	壬辰	水	畢	平	二黑	天	堂	諸事不宜 吉神 天馬 凶神 河魁 死神 月煞 月虛 白虎 大空亡	戌辰
三十日	火	二十日	癸巳	水	觜	定	三碧	害	翁	宜會親友結婚動土上樑 時午 造醬立券交易 忌出行 求醫療病 乘船渡水 安葬 三合 陰德 (厭對 招搖) 大空亡	戌辰
三十一日	水	廿一日	甲午	金	參	執	四綠	殺	第	宜祭祀 忌祈福 告祀 會親友 出行 結婚 移徙 求醫療病 動土 上樑 造醬 交易 栽種 破土 安葬 月空 四相 敬安 (月害 大時 大敗 咸池 小耗) 大空亡	戌辰

世界各地標準時

大韓民國	正午十二時
午後三時○分	뉴질랜드·캄차카半島·마샬群島
午前十一時○分	중국東部(中原時) 대만·필리핀·홍콩·호주西部
午前十時○分	중국中部(隴蜀時) 베트남·태국·말레이반도
午前八時三十分	중국極西部(崑崙時) 인도·세이론島
午前六時○分	러시아(동경四十도 以西) 이라크
午前五時○分	유럽東部標準時 그리스·터키·이집트·시리아
午前四時○分	유럽中部標準時 스웨덴·노르웨이·덴마크·독일·이탈리아
午前三時○分	그리니치 세계표준시 영국·프랑스·스페인·포르투갈
前日 午後十時○分	美國東部標準時 워싱턴·뉴욕·파나마·캐나다一部
前日 午後九時○分	美國中部標準時 시카고·과테말라·멕시코東部
前日 午後七時○分	美國태평양標準時 미국西部·멕시코西部
前日 午後五時○分	布哇·크리스마스섬·알래스카 一部

韓國 標準時子午線 東經一三五度

❁ 행사용어 해설 /三十一
❁ 일진에 쓰이는 吉神 /三十二
❁ 일진에 쓰이는 凶神 /三十三
❁ 太陽到臨 /三十五
❁ 太陽 過宮表 /三十六
❁ 八節三奇法 /三十六
❁ 六甲常識 /三十七
❁ 婚姻門(결혼에 관계되는 것) /三十九
生氣 福德 一覽表 /三十九
❁ 陽宅門 /四十四
移徙方位 一覽表 /四十七
❁ 陰宅門 /四十八
萬年圖 /四十九
紫白九星(年月日時) /五十三
❁ 儀禮書式 /五十四
年齡對照表 /五十八

• **제수(祭需) 진설 예**

제1열은 반잔(盤盞)으로 메와 국, 술잔을 놓고, 제2열은 어육(魚肉)과 떡, 제3열은 탕(湯), 제4열은 포(脯)와 소채(蔬菜)를 놓는데, 삼색나물로 고사리, 도라지, 시금치 등이고, 김치와 간장도 함께 진설한다. 제5열은 과실을 진설한다.

[**좌포우혜**(左脯右醯)] 포는 왼편에, 식혜는 오른편에 놓는다. [**어동육서**(魚東肉西)] 어물은 동쪽에 놓고 육류는 서쪽에 놓는다. [**두동미서**(頭東尾西)] 생선의 머리는 동쪽을 향하게 하고, 꼬리는 서쪽을 향하게 놓는다. [**홍동백서**(紅東白西)] 과일의 붉은색은 동쪽에 놓고, 흰색은 서쪽에 놓는다. [**조율이시**(棗栗梨枾)] 대추·밤·배·감의 순서로 진설한다.

❀ 행사용어 해설

宜字 아래에 記錄된 것은 行事에 吉한 것 또는 行事해도 해롭지 않은 것이므로 生氣福德法에서 主人公의 禍害·絶命만 避하여 使用하면 된다。

忌字 아래에 記錄된 것은 行事에 不利한 것이므로 可能하면 使用치 않는 게 좋다。

■開渠穿井(개거천정)－도랑치고 샘 파고 굴착(掘鑿)하는 일

■開市(개시)－개업 또는 시장에 내다 파는 일

■開倉庫(개창고)－창고를 개방함

■經絡(경락)－①경맥과 낙맥이니 인체 내에서 기혈(氣血)이 운행하는 통로이다。 ②무명이나 삼으로 실을 뽑아 직조(織造)함

■啓欑(계찬)－합장이나 여러 묘지를 한 곳으로 모음

■冠帶(관대)－벼슬아치 관리들의 제복과 관모

■求嗣(구사)－대(代)를 잇기 위하여 양자(養子)를 들이는 것

■求醫療病(구의요병)－병(病)을 치료하기 위하여 양의를 찾는 일

■祈福(기복)－기도(祈禱)로 복(福)을 비는 일

■納財(납재)－재물 등을 들이는 일

■納采問名(납채문명)－육포 등 약간의 선물과 함께 남녀의 생년월일을 교환하는 것

■納畜(납축)－가축을 들여옴

■牧養(목양)－방목(放牧)으로 짐승을 기르는 것

■沐浴(목욕)－때를 벗기기 위한 목욕

■伐木(벌목)－나무를 베어냄

■補垣塞穴(보원색혈)－담(울타리)을 보수(補修)하거나 신설함

■掃舍宇(소사우)－집이나 건물의 대청소

■修飾垣牆(수식원장)－담에 그림을 그려 넣고 장식하는 일

■修造動土(수조동토)－구조물(構造物)이나 건축하기 위한 흙일

■豎柱上梁(수주상량)－건축에서 기둥 세우고 상량(上樑) 올리는 것

■乘船渡水(승선도수)－배[船] 타고 비행기 타고 먼 거리를 운행하는 것

■安床(안상)－평상(平床)·침대 등을 설치하는 것

■安葬(안장)－묘 쓰는 일

■醞釀(온양)－술 담그고 빚는 일

■療目(요목)－안과 치료나 안경 맞춤

■遠迴(원회)－여러 날 걸리는 출행

■移徙(이사)－다른 집으로 이사함

■立券交易(입권교역)－거래를 목적으로 증권(證券)·마권(馬券) 등을 작성함

■入學(입학)－공부방이나 학원·학교에 등록함

■裁衣(재의)－옷 맞춤

■栽種(재종)－종자 파종、모종하는 일

■畋獵(전렵)－사냥 또는 천렵(川獵)놀이

■造醬(조장)－장 담그기

■進人口(진인구)－가족이나 식구(食口)가 늘어남

■剃頭(체두)－이발 또는 머리를 깎는 일

■築堤防(축제방)－제방의 개설이나 보수

■出行(출행)－당일로 귀가할 수 있는 출입

■出貨財(출화재)－돈이나 재물을 내는 일

■取魚(취어)－고기 잡는 일

■針刺(침자)－한의학(韓醫學)의 침구(鍼灸) 치료

■破屋壞垣(파옥괴원)－헌집을 허물고 담을 헐어 내는 일

■破土(파토)－흙을 파내는 일

■平治道塗(평치도도)－담이나 길에 페인트로 색을 입히는 일

■捕捉(포착)－들짐승이나 가축을 잡는 일

■會親友(회친우) — 회원 또는 계원의 연회(宴會) 모임

❀ 일진에 쓰이는 吉神

■敬安(경안) — 공경받는 길신이니 친목하고, 사교·인사 등에 좋은 살이다.

■官日(관일) — 승진 신고·수상(授賞)·부임·친민(親民)에 좋은 날이다。봄卯、여름午、가을酉、겨울子

■金匱(금궤) — 황도흑도(黃道黑道)에서 다섯 번째에 해당하는 길신이다。월(月)에서 일진으로 보는 것인데、다음과 같은 순서이다.

一 청룡(青龍)황도 二 명당(明堂)황도 三 천형(天刑)흑도 四 주작(朱雀)흑도 五 금궤(金匱)황도 六 보광(寶光)황도 七 백호(白虎)흑도 八 옥당(玉堂)황도 九 천뢰(天牢)흑도 十 원무(元武)흑도 十一 사명(司命)황도 十二 구진(勾陳)흑도

(청룡 명당 금궤 옥당 보광 사명은 황도이니 흥작(興作)이나 제반 업무에 길하다

천형 주작 백호 천로 원무 구진은 흑도이니 흥공(興工)、동토、이사、결혼、원행 등에 흉하다)

■金堂(금당) — 궁궐 축조 수리、 건축、 가옥 수리 등에 길한 날.

■鳴吠(명폐) — 묘지일[安葬]을 하면 망인의 영혼이 편안하고 자손이 부귀강녕한다고 한다.

■母倉(모창) — 오행의 생지(生地)로서 어미가 되므로 길신이 된다。종자를 뿌리고 육축 양육에 길하다.

■民日(민일) — 이는 왕일(王日)、 관일(官日)、 수일(守日)、 상일(相日) 등과 함께 부임·승진·친민(親民)·수상 등에 좋은 날이다.

王日(왕일) = 봄 寅日、 여름 巳日、 가을 申日、 겨울 亥日이니 요즈음의 관일과 바뀐 것이다.

官日(관일) = 봄卯、 여름午、 가을酉、 겨울子이니 왕일과 바뀐 것이다.

相日(상일) = 봄巳、 여름申、 가을亥、 겨울寅이다.

民日(민일) = 봄午、 여름酉、 가을子、 겨울卯이다.

守日(수일) = 봄酉、 여름子、 가을卯、 겨울午이다.

■普護(보호) — 음덕의 신으로 제사、 구의요병(求醫療病)에 길하다.

■福生(복생) — 월건(月建)으로 복이 되는 날이니、 기복(祈福)、 구사(求嗣)、 제사 등에 좋은 날이다.

복생과 옥우(玉宇)는 상대 자리가 된다.

■不將(부장 : 陰陽不將吉日) — 봄과 겨울[春冬]은 기일(己日)이 길하고、 가을과 여름[秋夏]은 무일(戊日)이 길일이 된다는 것이다.

■四相(사상) — 사시(四時)의 왕상일(旺相日)이니 경영、 건축、 양육、 진재(進財)、 이사에 좋은 날인데、 경신일(庚辛日)만은 취하지 않는다。 경신이 왕하면 숙살이기 때문이다.

■三合(삼합) — 삼합국(三合局)을 말하니、 해묘미(亥卯未) 목국(木局)、 인오술(寅午戌) 화국(火局)、 사유축(巳酉丑) 금국(金局)、 신자진(申子辰) 수국(水局)이 그것이다.

■聖心(성심) — 월중의 복신이다. 백사의 경영、 은혜를 베푸는 일、 상부 관청에 청원 등에 길하다.

■續世(속세) — 혈기(血忌)일이라고도 한다. 월가(月家)의 선신이다. 혼인、 제사、 친목、 양자 들이는 데 길하다.

■時德(시덕) — 사시(四時)의 천덕(天德)인데、 나를 생하는 자를 취한 것이다. 축하하고 축하 잔치에 길하다.

■時陽(시양) — 월중의 양신이니 혼인、 연회 등에 길하다.

■時陰(시음) — 월중의 음신이니 회합、 계책、 모사、 전략에 길하다.

■陽德(양덕) — 월중의 덕신(德神)이니、 교역 개척、 혼인에 길하다.

■驛馬(역마) — 백시에 길하나 원행、 부

임、 이사에 특히 길하다。

■五富(오부) ― 흥조사(興造事)나 경영사에 길하다。

■五合(오합) ― 갑기합토(甲己合土)、 을경합금(乙庚合金)、 병신합수(丙辛合水)、 정임합목(丁壬合木)、 무계합수(戊癸合水) 등을 말하니、 수조(修造)、 경영、 기공(起工)、 혼인、 출문(出門)、 알현(謁見) 등에 길하다。

■要安(요안) ― 월의 길신으로 이날에 집을 짓고、 성이나 담을 쌓는 데 좋다。

■月空(월공) ― 삼합을 충(沖)하는 자의 천간이다。 천공(天空)이라고도 하는데、 천덕(天德)이 충하는 자이므로 단지 상서나 진언에만 길하다。

■月德(월덕)·月德合(월덕합) ― 월의 덕신이니、 5대 길신 중의 하나。 수리、 경영、 향(向)을 다스리는 데 길하고、 상부 관청의 임무라든가 연회 등 백사에 길하다。 土에는 덕이 없다。

■月恩(월은) ― 영조(營造)、 혼인、 이사、 상임(上任)、 진재(進財)에 길하다。

■六儀(육의) ― 입양、 식목、 결혼、 납례(納禮)에 길하다。 육길(六吉)이라고도 하며 염대(厭對)의 대방(對方)이기도 하다。

■六合(육합) ― 日·月 합의 숙신(宿辰)이다。 연회、 손님 접대、 교역、 개점 등에 길하다。

■陰德(음덕) ― 음덕을 베풀고 은혜를 행하고、 원한을 푸는 일에 길하다。

■益後(익후) ― 남녀의 만남、 약혼、 혼인에 길하다。

■臨日(임일) ― 옛날 관리를 말하는데、 백성을 상대로 소송을 꺼린다。

■天德(천덕)·天德合(천덕합) ― 5대 길신 중의 하나인데、 천도(天道)라고도 한다。 하늘의 원양순리(元陽順理)의 방위이므로 대길하다는 것이다。 경영、 건축、 시은(施恩)、 제사(祭祀)、 기복(祈福)에 다 길하다。

■天馬(천마) ― 역마 참조。

■天巫(천무) ― 월중의 복덕신이다。 제사、 기구(祈求)、 복원(復原)、 수리 등에 길하다。

■天赦(천사) ― 춘무인(春戊寅)、 하갑오(夏甲午)、 추무신(秋戊申)、 동갑자(冬甲子)이니、 도가(道家)에서는 「甲일과 戊일은 기도에 마땅하다」 하였다。

■天願(천원) ― 결혼、 진재、 회친우、 연회에 길한 날이다。

■天恩(천은) ― 아래로 은혜를 베푸는 길신이다。 하늘에는 사금신(四禁神 : 子午卯酉)이 있는데、 그 중 하나는 항상 열어 놓는다고 한다。 ① 甲子일、 乙丑일、 丙寅일、 丁卯일、 戊辰일。 ② 己卯일、 庚辰일、 辛巳일、 壬午일、 癸未일。 ③ 己酉일、 庚戌일、 辛亥일、 壬子일、 癸丑일 등 十五일。

■天醫(천의) ― 사망으로부터 다시 생활시킨다는 길신이니 요병(療病)에 길하다。 천희(天喜)와 동궁이다。

■天倉(천창) ― 하늘의 창고이다。 창고수리、 납재(納財)、 재백(財帛)을 드리는 데 길하다。

■天后(천후) ― 월중의 복신(福神)인데、 구의요병(求醫療病)、 기복 등에 길하다。

■天喜(천희) ― 행운이 많은 길신이다。

■解神(해신) ― 백살(百煞)을 제압한다고 한다。

❀ 일진에 쓰이는 凶神

■劫煞(겁살) ― 재살(災煞)、 세살(歲煞)과 함께 삼살(三煞)이다。 태세의 음기(陰氣)이므로 그 방위로는 건축、 수리 등 흥조사(興造事)에 대흉한 살이다。

■孤辰(고신)·寡宿(과숙) ― 과부、 홀아비가 된다는 살이니、 결혼에 크게 꺼린다。 고신과 과숙이 같이 있을 때 치열하다。

■孤陽(고양) ― 결혼、 이사 등에 불리하

다。 9월 중의 戊戌日을 말한다。

■九坎(구감) ─ 승선、 도하、 건축、 주물에 꺼린다。

■九空(구공) ─ 이사、 결혼에 꺼린다。

■九焦(구초) ─ 구감과 구초는 동일한 忌神이다。

■九虎(구호) ─ 봄은 甲子乙亥일을 팔룡(八龍)이라 하고、 여름은 丙子丁亥일을 칠조(七鳥)라 하고、 가을은 庚子辛亥일을 구호(九虎)라 하고、 겨울은 壬子癸亥일을 육사(六蛇)라 한다。 이는 四時의 왕간(旺干)에 다 亥子支를 배속시킨 것인데、 동방목(東方木)을 청룡(青龍)이라 하고 8로 성수(成數)시킨다 하여 팔룡이라 하였다。 다른 것도 이와 같다。

■歸忌(귀기) ─ 이사、 혼인、 개업、 착공 등에 불길하다。

■大耗(대모)─丑未、 子午、 寅申、 卯酉、 巳亥 등 육충(六沖)을 말하니 대흉한 살이므로 백사에 불리하다。

■大煞(대살) ─ 수리、 건축、 흥공사(興工事)에 꺼리는 대흉살(大凶煞)이다。

■大時(대시)・大敗(대패) ─ 둘 다 같은 의미로、 장군의 상을 말하니、 출군、 공력、 축진(築陳)、 회친에 꺼린다。

■大會(대회)・小會(소회) ─ 월중의 길신으로 대소 연회에 길하다。

陰陽大會(음양대회)일 ─ 매월 十五일 이후만을 사용한다。

陰陽小會(음양소회)일 ─ 대소간에 8회뿐이다。

■復日(복일) ─ 같은 일이 반복된다는 뜻이니 장사(葬事)에 대흉하다。

■四窮(사궁)・四忌(사기)・四耗(사모)・四廢(사폐) ─ 출행(出行)、 부임、 개업에 불리하다。

■死氣(사기) ─ 무기지신(無氣之神)이니 정벌、 구의요병(求醫療病)에 꺼리고、 그 방위로 산실(産室)을 두는 것도 해롭다。 시음관부(時陰官符)와 동궁이다。

■三陰(삼음) ─ 정월의 辛酉일、 7월의 乙卯일。

■小耗(소모)・大耗(대모) ─ 이 두 煞은 대흉살이므로 모든 일을 다 꺼린다。

■小時(소시) ─ 월건과 같은 날을 말하니、 결혼、 회친、 창고 개방에 꺼리는 날이다。 이는 土府와 月建、 兵福과 같은 날이다。

■純陽(순양) ─ 4월의 己巳일(건괘는 4월 괘이니 육효가 모두 양인데、 巳월 순양이 배속되기 때문이다)。

■純陰(순음) ─ 十월의 己亥일(곤괘는 十월 괘이니 육효가 모두 음이기 때문에 양기는 전무하고 음기 亥가 배속된다)。

■陽破陰衝(양파음충) ─ 6월의 癸丑일、 十二월의 丁未일。

■厭對(염대) ─ 혼인、 약혼식、 회친에 꺼린다。

■五離(오리) ─ 甲申일、 乙酉일。

■五墓(오묘) ─ 사계절의 묘고(墓庫)이니 영조(營造)、 축조、 출행、 가취에 꺼린다。

■五虛(오허) ─ 사계절의 絶辰이니 이익을 도모하는 일에 나쁘다。

■往亡(왕망) ─ 이주・원행・가취・요병・상임・심관(尋官)에 꺼린다。 이는 가되 돌아올 의사가 없는 것이다。

■了戾(요려) ─ 3월의 丙申일、 4월의 丁未일、 9월의 壬寅일、 十월의 癸丑일인데、 회친、 교역에 꺼린다。

■月建(월건) ─ 소월건(小月建)：소아살이라고도 한다。

대월건(大月建)：동토、 수리에 꺼린다。

■月遊火(월유화) ─ 수리에 꺼린다。

■月虛(월허) ─ 月煞이기도 하다。 월내(月內)의 허묘지신이니 천이(遷移)、 납재(納財)、 결혼에 꺼린다。

■月刑(월형) ─ 월가의 중소살(中小煞)이다。 정월-巳、 2월-子、 3월-辰、 4월-申、 5월-午、 6월-丑、 7월-寅、 8월-酉、 9월-未、 十월-亥、 十一월-卯、 十二월-申

■遊禍(유화) — 월중의 악신(惡神)이므로 복약(服藥)、제사에 꺼린다。

■六蛇(육사) — 팔룡(八龍)·칠조(七鳥)·구호(九虎)·육사(六蛇)는 모두 같은 의미인데、혼인、가취、신행에 불길하다고 되어 있다。이는 봄은 甲子 乙亥를 팔룡、여름은 丙子 丁亥를 칠조、가을은 庚子 辛亥를 구호、겨울은 壬子 癸亥를 육사라 하나 계절에 따라 이름만 다르다。九虎 내용 참고。

■陰位(음위) — 3월의 庚辰일、9월의 甲戌일 등。

■陰錯(음착) — 흉조사、가취、출행、교역、모임에 불리하다。

■重日(중일) — 巳亥일은 모두 중일인데、이는 일이 거듭된다는 뜻이다。

■地囊(지낭) — 四時 삼합괘(三合卦)의 내외 양 초효(初爻)의 납갑(納甲)에서 나온 것인데 소살(小煞)이다。정월- 경자 경오、2월-을미 계축、3월-갑자 임오、4월-기묘 기유、5월-갑진 임술、6월-병진 병술、7월-정사 정해、8월-병인 병신、9월-신축 신미、十월-무인 무신、十一월-신묘 신유、十二월-을묘 을유

■地火(지화) — 재살(災煞)은 천화(天火)、월염(月厭)이 지화이니 대살이다。

■天罡(천강)·河魁(하괴) — 천강은 북두칠성의 자루이고、하괴는 바가지인데、月內의 흉신이다。

■天狗(천구) — 이는 복덕、천무와 동궁인데、월중의 흉신이다。

■天吏(천리) — 원행(遠行)、소송、부임에 꺼린다。

■天賊(천적) — 원행에 꺼린다。

■天火(천화) — 재살(災煞)、천옥(天獄)이기도 하다。월중의 흉신인데 집을 덮는 것、기공、축조、회친 등에 흉하다。

■招搖(초요) — 염대(厭對)와 같은 것으로、가취、승선도수(乘船渡水)에 꺼린다。

■觸水龍(촉수룡)—승선、도수(渡水)、도강에 꺼린다。八風과 같은 의미이다。丙子、癸未、癸丑 3일인데、四時에 관계없이 해신이므로 꺼린다。

■致死(치사) — 천리와 치사는 같은 것으로、부임과 원행、소송에 불리하다。

■七鳥(칠조) —혼인、가취에 꺼린다。六蛇 참고。

■土府(토부) — 월건과 같은 날인데、중부(中府) 중궁이니 土煞이다。

■土符(토부) — 수장(收藏)한다는 의미의 악살(惡煞)이다。파토(破土)、천정(穿井)、축장(築墻)에 꺼린다。

■八龍(팔룡) — 혼인、신행에 꺼리는 날이다。六蛇 참고。

■八專(팔전) — 甲寅、丁未、己未、庚申、癸丑일 등 5일。

■八風(팔풍) — 승선(乘船)、도하(渡河)에 꺼린다。

■咸池(함지) — 혼인에 꺼린다。

■行狠(행한) — 甲申、乙未、庚寅、辛丑일 등 4일。

■血忌(혈기) — 속세와 같은 흉신인데、결혼、친목、제사、양자 들이는 데 흉한 날이다。

■血支(혈지) — 침뜸이나 수술에 꺼린다。출혈한다는 뜻이다。

• 太陽到臨

殺은 모르는 자에게 불안을 주고 弱者에게 더 사납고 어두운 곳에 더욱 치열하다。태양은 中小煞을 제압하는 최고의 吉神이므로 體를 강하게 한 다음 그 살의 성격을 알아서 제압하거나 비껴가게 하는 것이다。태양은 向에 이르는 것이 으뜸이고 三合方과 이웃이 되는 것이 다음으로 길하며 좌산에 이르는 것은 공공(公共) 행사에 길하나 庶人은 감당치 못한다 해서 쓰지 않는다。歲破·月破·三煞·五黃을 제하고는 모든 흉신이 제압된다。

*태양은 역으로 二十四方을 하루에 1도가 조금 약하게 진행한다。한 달에 2宮、1년에 一週한다。

• 太陽 過宮表

350° 300° 285° 270° 255° 240° 225° 210° 195° 180° 165° 150° 135° 120° 105° 90° 75° 60° 45° 30° 15° 0° 345° 330°

월	二四山	절기	太陽到山	월장
정월	壬	立春	태양입춘到壬	子神后
	亥	雨水	태양우수到亥	亥登明
2월	乾	驚蟄	태양경칩到乾	
	戌	春分	태양춘분到戌	戌河魁
3월	辛	淸明	태양청명到辛	
	酉	穀雨	태양곡우到酉	酉從魁
4월	庚	立夏	태양입하到庚	
	申	小滿	태양소만到申	申傳送
5월	坤	芒種	태양망종到坤	
	未	夏至	태양하지到未	未小吉
6월	丁	小暑	태양소서到丁	
	午	大暑	태양대서到午	午勝光
7월	丙	立秋	태양입추到丙	
	巳	處暑	태양처서到巳	巳太乙
8월	巽	白露	태양백로到巽	
	辰	秋分	태양추분到辰	辰天罡
9월	乙	寒露	태양한로到乙	
	卯	霜降	태양상강到卯	卯太冲
10월	甲	立冬	태양입동到甲	
	寅	小雪	태양소설到寅	寅功曺
11월	艮	大雪	태양대설到艮	
	丑	冬至	태양동지到丑	丑大吉
12월	癸	小寒	태양소한到癸	
	子	大寒	태양대한到子	子神后

• 八節三奇法

三奇는 五大吉神 중에서 세 번째 길신이므로 중소살을 능히 제압한다。 天上三奇는 甲戊庚이요、 地下三奇는 乙丙丁이며、 人中三奇는 壬癸辛이다。 그러나 지금은 乙丙丁만을 사용한다。

起法(일으키는 법)은

○**동지** 후 - 坎에서 갑자를 일으켜 순행
○**입춘** 후 - 艮에서 갑자를 일으켜 순행
○**춘분** 후 - 震에서 갑자를 일으켜 순행
○**입하** 후 - 巽에서 갑자를 일으켜 중궁으로 순행
○**하지** 후 - 離에서 갑자를 일으켜 역행
○**입추** 후 - 坤에서 갑자를 일으켜 역행
○**추분** 후 - 兌에서 갑자를 일으켜 역행
○**입동** 후 - 乾에서 갑자를 일으켜 역행

삼기는 8절을 따라 갑자를 일으키는데 동지 후에는 陽遁이니 순행하고 하지 후는 陰遁이니 역행하는데、 그 해 太歲까지 진행하고 태세가 닿는 궁에서부터는 월건법으로 진행하여 乙丙丁이 닿는 궁을 찾는 것이다。

戊戌年 입춘 후의 예(순행)임

巽 四	中 五	**무술년** 乾六 **갑인월**
震 三		兌 七 **을묘**
坤 二		甲子起 艮 八 **병진**
坎 一		離 九 **정사**

戊戌年 하지 후의 예(역행)임

巽 四	中 五	乾 六
震 三		兌 七
무술년 坤 二 월건법 **갑인**		艮 八 **정사**
坎 一 **을묘**		甲子 離 九 **병진**

가령 戊戌年 입춘 후라면 艮에서 甲子를 일으켜 순행한다。 離가 乙丑 순으로 진행하면 戊戌 태세가 乾六宮에서 닿는다。 건궁에서는 월건법으로 일으키는 것이니、 戊癸 정월은 甲寅이므로 순행하면 兌宮이 乙卯 艮宮에 丙辰 離宮이 丁巳 등으로 진행되어 乙丙丁은 兌艮離方이 된다。

또 戊戌年 하지 후는 離宮에서 甲子를 일으켜 역행하므로 艮이 乙丑 등의 순으로 진행하면 태세 戊戌은 坤宮에 닿는다。 坤宮에

서는 戊癸年 월건법으로 역행하므로 甲寅이 坤宮、乙卯가 坎宮、丙辰이 離宮、丁巳가 艮宮이 되니 乙丙丁은 坎離艮方에 이른다。나머지도 이와 같이 추산한다。

六甲常識

天干(十 干)=甲乙丙丁戊己庚辛壬癸
地支(十二支)=子丑寅卯辰巳午未申酉戌亥

天干과 地支에는 음양이 있다。

陽干=**甲丙戊庚壬** 陽支=**子寅辰午申戌**
陰干=**乙丁己辛癸** 陰支=**丑卯巳未酉亥**

• 六十甲子

干과 支를 배합하면 六十가지가 나오는데 陽干은 陽支와、陰干은 陰支와 배합된다。

甲子	乙丑	丙寅	丁卯	戊辰	己巳	庚午	辛未	壬申	癸酉
甲戌	乙亥	丙子	丁丑	戊寅	己卯	庚辰	辛巳	壬午	癸未
甲申	乙酉	丙戌	丁亥	戊子	己丑	庚寅	辛卯	壬辰	癸巳
甲午	乙未	丙申	丁酉	戊戌	己亥	庚子	辛丑	壬寅	癸卯
甲辰	乙巳	丙午	丁未	戊申	己酉	庚戌	辛亥	壬子	癸丑
甲寅	乙卯	丙辰	丁巳	戊午	己未	庚申	辛酉	壬戌	癸亥

• 五行所屬

五行=木 火 土 金 水
干支=甲乙寅卯木、丙丁巳午火、戊己辰戌丑未土、庚辛申酉金、壬癸亥子水

節氣=春(寅卯月)木 夏(巳午月)火 秋(申酉月)金 冬(亥子月)水 四季(辰戌丑未月)土
方位=東方木、南方火、西方金、北方水、中央土
色 = 青色木、赤色火、黃色土、白色金、黑色水

• 干支의 合과 冲

干合=甲己合土、乙庚合金 、丙辛合水、丁壬合木、戊癸合火
干冲=甲庚冲、乙辛冲、丙壬冲、丁癸冲、戊己冲
三合=申子辰合水局、巳酉丑合金局、寅午戌合火局、亥卯未合木局
六合=子丑合土、寅亥合木、卯戌合火、辰酉合金、巳申合水、午未合(五行은 不變)
支冲=子午冲、丑未冲、寅申冲、卯酉冲、辰戌冲、巳亥冲

• 刑·破·害·怨嗔

支刑=寅巳申三刑(寅刑巳 巳刑申 申刑寅) 丑戌未三刑(丑刑戌 戌刑未 未刑丑) 子卯相刑(子刑卯 卯刑子) 辰午酉亥自刑(辰辰 午午 酉酉 亥亥끼리 刑)
支破=子―酉、丑―辰、寅―亥、卯―午、巳―申、戌―未
六害=子―未、丑―午、寅―巳、卯―辰、申―亥、酉―戌
怨嗔=子―未、丑―午、寅―酉、卯―申、辰―亥、巳―戌

• 神殺(造命으로 택일할 때 참고함)

建祿=甲祿寅 乙祿卯 丙戊祿巳 丁己祿午 庚祿申 辛祿酉 壬祿亥 癸祿子
天乙貴人=甲戊庚日―丑未、乙己日―子申 丙丁日―亥酉、辛日―寅午、壬癸日―巳卯
驛馬=申子辰年―寅、巳酉丑年―亥 寅午戌年―申、亥卯未年―巳
孤寡殺=亥子丑生―寅戌、寅卯辰生―巳丑 巳午未生―申辰、申酉戌生―亥未
桃花=申子辰生―酉、寅午戌生―卯 巳酉丑生―午、亥卯未生―子
劫殺=申子辰―巳、巳酉丑―寅 寅午戌―亥、亥卯未―申
三奇=甲戊庚全、乙丙丁全、壬癸辛全
六秀=戊子、己丑、丙午、丁未、戊午、己未日
天赦=春―戊寅日、夏―甲午日 秋―戊申日、冬―甲子日
魁罡=庚辰、庚戌、壬辰、壬戌
空亡=甲子旬中戌亥空、甲戌旬中申酉空 甲申旬中午未空、甲午旬中辰巳空 甲辰旬中寅卯空、甲寅旬中子丑空

• 五行生克

相生=木生火 火生土 土生金 金生水 水生木
相克=木克土 土克水 水克火 火克金 金克木

• 三災入命

三災＝申子辰生－寅卯辰年、巳酉丑生－亥子丑年、寅午戌生－申酉戌年、亥卯未生－巳午未年

六神＝甲乙日－青龍、丙丁日－朱雀、戊日－句陳、己日－螣蛇、庚辛日－白虎、壬癸日－玄武

• 月建 일으키는 法

甲己年丙寅頭、乙庚年戊寅頭、丙辛年庚寅頭、丁壬年壬寅頭、戊癸年甲寅頭

• 時 일으키는 法

甲己日甲子時、乙庚日丙子時、丙辛日戊子時、丁壬日庚子時、戊癸日壬子時

• 六親

육친이란 부모 형제 처자를 지칭하는바 오행의 陰陽과 生克작용에 의해 결정되는데、나를 낳아준 이가 부모이니 正印 또는 偏印이라 하며、내가 낳은 자는 자식이니 食神 또는 傷官이라 하고、나를 이기는 자는 官廳이니 正官 또는 偏官이라 하며、내가 이기는 자는 妻財이니 正財 또는 偏財라 하며、나와 대등한 자는 형제이니 比肩 또는 劫財라 하는데 모두 합하여 十神으로 분류한다。

다시 十神은 正印·正官·食神을 3대 吉神으로 하고、梟神[偏印]·七殺[偏官]·傷官은 3대 凶神이 되며、比肩·劫財·正財·偏財는 4대 閑神으로 분류한다。

十神 가운데서 偏印은 梟神이라고도 하는데、효신이란 이름은 어미를 잡아먹고 크는 올빼미 부엉이과에 속하는 不孝鳥란 뜻에서 나온 背恩忘德한 이름이다。그러므로 편인은 偏財가 있어서 길신일 때 쓰는 말이지만、制化가 안 되어 효신으로 쓰일 때는 흉신일 때 쓰는 말이다。

偏官은 七殺이라고도 하는데 위에서와 같이 길신일 때는 편관이 되어 큰 권력이 되지만、흉신일 때는 칠살이라는 다른 이름으로 불리어 不具 또는 傷身煞이 된다。

傷官도 흉신이 되어 벼슬이나 직장도 없이 어정쩡할 때 하는 말이고 正印이 制化시켜 길신인 食神으로 쓰일 때는 큰 벼슬과 좋은 직장도 있고 큰 부자로 이름을 떨치게 된다。

이와 같이 造命擇日할 때는 偏印·偏官·傷官은 梟神·七殺·傷官이라는 다른 이름으로 불리는지를 판단하는 것이 중요하다。

• 六親 정하는 법

十神을 陰陽으로 구분하면 정인、편인、정관、편관、식신、상관、비견、겁재、편재、정재의 열 가지 명칭으로 분류된다。

◦日干과 오행이 같고 음양도 같으면 比肩、음양만 다르면 劫財다。

◦日干이 生하는 자로 음양이 같으면 食神、다르면 傷官이라 한다。

◦日干이 극하는 자로 음양이 같으면 偏財、다르면 正財라 한다。

◦日干을 극하는 자로 음양이 같으면 偏官、다르면 正官이라 한다。

◦日干을 生하는 자로 음양이 같으면 偏印、다르면 正印이라 한다。

• 地支 藏干

1년 十二개월을 지칭하는 十二지지 중에는 약 三十일 내외의 천간을 2-3개씩 내포하고 있어서 택일이나 생년월일에서 어느 천간을 사용하게 되는지가 중요하다。

子(癸壬)、丑(己辛癸)、寅(戊丙甲)
卯(甲乙)、辰(癸乙戊)、巳(戊庚丙)
午(己丙丁)、未(丁乙己)、申(戊壬庚)
酉(庚辛)、戌(辛丁戊)、亥(戊甲壬)

• 造命 擇日

택일은 반드시 年柱、月柱、日柱、時柱가 모두 들어가게 사주를 만드는(造命四柱)게 중요하다。안 그러면 格局이 淸하고 旺相하며 體用에 일치하는지를 판단할 수 없기 때문이다。

婚姻門 (결혼에 관계되는 것)

○生氣·福德 一覽表

예를 들어 擇日에 關한 記錄에 宜祭祀·祈福·婚姻·建屋 등이라 하였으면 이와 같은 일(行事)에 적합한 日辰이라는 뜻인데 이는 오직 日辰에 따른 吉日이므로 비록 좋다는 日辰이라도 主人公의 年齡에 따라 적합지 않을 경우가 있다。즉 위 吉日에 **生氣·福德·天醫日**에 해당하면 大吉이고、**絶體·遊魂·歸魂日**이면 그런대로 行事에 可하며、만약 **禍害日**이나 **絶命日**이면 宜라고 記錄된 行事라도 主人公과 맞지 않는 日辰이므로 쓰지 말아야 한다。

一上生氣　二中天醫　三下絶體　四中遊魂　五上禍害　六中福德　七下絶命　八中歸魂

	男女 年齡 / 生氣八神 및 吉凶	生氣(생기) 大吉한 日辰	天醫(천의) 大吉한 日辰	絶體(절체) 사용 가능한 日辰	遊魂(유혼) 사용 가능한 日辰	禍害(화해) 大凶이니 사용不可	福德(복덕) 大吉한 日辰	絶命(절명) 大凶이니 사용不可	歸魂(귀혼) 사용 가능한 日辰
男子의 年齡	一 八 十六 二十四 三十二 四十 四十八 五十六 六十四 七十二 八十 八十八 九十六	卯	酉	子	未申	丑寅	辰巳	戌亥	午
	九 十七 二十五 三十三 四十一 四十九 五十七 六十五 七十三 八十一 八十九 九十七	丑寅	辰巳	戌亥	午	卯	酉	子	未申
	二 十 十八 二十六 三十四 四十二 五十 五十八 六十六 七十四 八十二 九十 九十八	戌亥	午	丑寅	辰巳	子	未申	卯	酉
	三 十一 十九 二十七 三十五 四十三 五十一 五十九 六十七 七十五 八十三 九十一 九十九	酉	卯	未申	子	辰巳	丑寅	午	戌亥
	四 十二 二十 二十八 三十六 四十四 五十二 六十 六十八 七十六 八十四 九十二 一百	辰巳	丑寅	午	戌亥	酉	卯	未申	子
	五 十三 二十一 二十九 三十七 四十五 五十三 六十一 六十九 七十七 八十五 九十三	未申	子	酉	卯	午	戌亥	辰巳	丑寅
	六 十四 二十二 三十 三十八 四十六 五十四 六十二 七十 七十八 八十六 九十四	午	戌亥	辰巳	丑寅	未申	子	酉	卯
	七 十五 二十三 三十一 三十九 四十七 五十五 六十三 七十一 七十九 八十七 九十五	子	未申	卯	酉	戌亥	午	丑寅	辰巳
女子의 年齡	一 八 十六 二十四 三十二 四十 四十八 五十六 六十四 七十二 八十 八十八 九十六	辰巳	丑寅	午	戌亥	酉	卯	未申	子
	二 九 十七 二十五 三十三 四十一 四十九 五十七 六十五 七十三 八十一 八十九 九十七	酉	卯	未申	子	辰巳	丑寅	午	戌亥
	三 十 十八 二十六 三十四 四十二 五十 五十八 六十六 七十四 八十二 九十 九十八	戌亥	午	丑寅	辰巳	子	未申	卯	酉
	四 十一 十九 二十七 三十五 四十三 五十一 五十九 六十七 七十五 八十三 九十一 九十九	丑寅	辰巳	戌亥	午	卯	酉	子	未申
	五 十二 二十 二十八 三十六 四十四 五十二 六十 六十八 七十六 八十四 九十二 一百	卯	酉	子	未申	丑寅	辰巳	戌亥	午
	六 十三 二十一 二十九 三十七 四十五 五十三 六十一 六十九 七十七 八十五 九十三	子	未申	卯	酉	戌亥	午	丑寅	辰巳
	七 十四 二十二 三十 三十八 四十六 五十四 六十二 七十 七十八 八十六 九十四	午	戌亥	辰巳	丑寅	未申	子	酉	卯
	十五 二十三 三十一 三十九 四十七 五十五 六十三 七十一 七十九 八十七 九十五	未申	子	酉	卯	午	戌亥	辰巳	丑寅

나이를 붙여 一上生氣 二中天醫식으로 生氣福德을 따져 보는 法式인데 男子는 一歲를 離宮에 붙여 二歲에 坤을 건너(二歲 이후 건너지 않음) 兌에 二歲、乾에 三歲、이렇게 계속 八方을 돌려 나가고(順行)、여자는 一歲를 坎宮에 붙여 二歲乾、三歲兌、四歲坤、五歲離、六歲巽、七歲震、八歲는 艮을 건너(이후는 건너지 않음) 坎宮에、이렇게 八方을 時計반대방향(逆行)으로 계속 남녀 共히 主人公에 해당되는 年齡까지 돌려 年齡 머무는 곳이 本宮이라 한다。

① 合婚開閉法(단 女子만 참고)

이는 옛날 中國에서 오랑캐의 請婚을 거절할 핑계로 만들어졌다는 것인데 지금도 이를 참고하는 이가 있어 기록한다.

• 大開運의 나이에 혼인하면 大吉하고 半開運은 不和하며 閉開運은 이별이라 한다。

子午卯酉生女	大開(吉)	十七	二十	二十三	二十六	二十九	三十二
	半開(平)	十八	二十一	二十四	二十七	三十	三十三
	閉開(凶)	十九	二十二	二十五	二十八	三十一	三十四
寅申巳亥生女	大開(吉)	十六	十九	二十二	二十五	二十八	三十一
	半開(平)	十七	二十	二十三	二十六	二十九	三十二
	閉開(凶)	十八	二十一	二十四	二十七	三十	三十三
辰戌丑未生女	大開(吉)	十五	十八	二十一	二十四	二十七	三十
	半開(平)	十六	十九	二十二	二十五	二十八	三十一
	閉開(凶)	十七	二十	二十三	二十六	二十九	三十二

② 婚姻凶年

다음에 해당하는 年에 결혼하면 不和하거나 離別의 우려가 있다고 한다。

• 男婚凶年(남자가 참고)

子生－未年　丑生－申年　寅生－酉年　卯生－戌年
辰生－亥年　巳生－子年　午生－丑年　未生－寅年
申生－卯年　酉生－辰年　戌生－巳年　亥生－午年

• 女婚凶年(여자가 참고)

子生－卯年　丑生－寅年　寅生－丑年　卯生－子年
辰生－亥年　巳生－戌年　午生－酉年　未生－申年
申生－未年　酉生－午年　戌生－巳年　亥生－辰年

③ 殺夫大忌月(혼인에 不吉한 달)

다음에 해당하는 달에 혼인하면 불길하다고 하니 피하는 게 좋다。

子生女－正・二月　丑生女－四月　寅生女－七月
卯生女－十二月　辰生女－四月　巳生女－五月
午生女－八・十二月　未生女－六・七月　申生女－六・七月
酉生女－八月　戌生女－十二月　亥生女－七・八月

④ 嫁娶月의 吉凶

위에서 兇한 달을 피하고 또 아래에서 大利月을 가리되 妨翁姑・妨女父母는 부모、시부모가 있으면 피하며、妨夫月이나 妨女月은 혼인하지 말아야 한다。 단 妨媒氏는 무해무익한 달임。

區分 ＼ 生年	子生 午生	丑生 未生	寅生 申生	卯生 酉生	辰生 戌生	巳生 亥生
大利月 가장 좋은 달이다	六月 十二月	五月 十一月	二月 八月	正月 七月	四月 十月	三月 九月
妨媒氏 결혼해도 무방하다	正月 七月	四月 十月	三月 九月	六月 十二月	五月 十一月	二月 八月
妨翁姑 시부모가 없어야 사용	二月 八月	三月 九月	四月 十月	五月 十一月	六月 十二月	正月 七月
妨女父母 친정부모가 없어야 사용	三月 九月	二月 八月	五月 十一月	四月 十月	正月 七月	六月 十二月
妨夫主 신랑에 흉하니 사용불가	四月 十月	正月 七月	六月 十二月	三月 九月	二月 八月	五月 十一月
妨女身 신부에 흉하니 사용불가	五月 十一月	六月 十二月	正月 七月	二月 八月	三月 九月	四月 十月

⑤ 嫁娶凶日

본 民曆에 宜婚姻이라 하였어도 主人公 男女의 生年으로 孤辰(남자)이나 寡宿(과수)에 해당하는 日辰이면 결혼식을 올리지 말아야 한다。

• 孤寡殺

亥子丑生—男子는 寅日、女子는 戌日
寅卯辰生—男子는 巳日、女子는 丑日
巳午未生—男子는 申日、女子는 辰日
申酉戌生—男子는 亥日、女子는 未日

• 喪夫喪妻殺

寅卯辰(正、二、三)**月**＝丙午·丁未日(상처)
亥子丑(十、十一、十二)**月**＝壬子·癸亥日(상부)

당년의 月과 日로 보고 또는 寅卯辰月生 남자가 丙午·丁未日에 혼인하면 상처살이고、亥子丑月生 여자가 壬子·癸亥日에 혼인하면 상부살에 해당、불길이라 한다。

※ 혼인에 꺼리는 날은 天賊 受死 伏斷 月破 月厭 厭對 月殺 十惡 冬至、夏至 端午(四月 八日) 月忌日、天罡 河魁 紅紗 披麻日이다。 단 天罡 河魁日은 黃道日과 같이 들면 무방하고 月忌日은 五合日 즉 寅卯日이면 무방하다。

이상은 本文 택일사항에 혼인에 마땅한 날에서 이미 제외되었거니와 「가취흉일」「상부상처살」은 별도로 참고해야 되고 비록 혼인에 마땅하다 기록된 날이라도 주인공 남녀의 本命日(甲子生이 甲子日、乙丑生이 乙丑日의 예)에 해당되지 않아야 하며 생기복덕으로 생기、천의 복덕일이 가장 좋으나 이날(생기·복덕·천의)을 가리기 어려우면 유혼·절체·귀혼일은 부득이 사용하되 禍害·絶命日만은 혼인식을 올리지 않는 게 택일 법칙이다。
(생기복덕 일람표 참고)

男女宮合法

• **金**은 火의 克을 꺼리나 단 沙中金·劒鋒金은 火를 만나야 형체를 이루고
• **火**는 水의 克을 꺼리나 단 霹靂火·天上火·山下火는 水를 얻어야 福祿이 이르고、
• **木**은 金의 克을 꺼리나 단 平地木은 金이 없으면 榮華를 얻지 못하고、
• **水**는 土의 克을 꺼리나 단 天河水·大海水는 土를 만나야 자연히 亨通하고、
• **土**는 木의 克을 꺼리나 단 路傍土·大驛土·沙中土는 木이 아니면 平生이 不幸하다。(이는 五行이 克을 받더라도 도리어 吉해지는 妙理이다)

• 六十甲子(生年으로) 納音五行

干支	五行	干支	五行	干支	五行	干支	五行	干支	五行
甲子 乙丑	海中金	丙寅 丁卯	爐中火	戊辰 己巳	大林木	庚午 辛未	路傍土	壬申 癸酉	劒鋒金
甲戌 乙亥	山頭火	丙子 丁丑	澗下水	戊寅 己卯	城頭土	庚辰 辛巳	白鑞金	壬午 癸未	楊柳木
甲申 乙酉	泉中水	丙戌 丁亥	屋上土	戊子 己丑	霹靂火	庚寅 辛卯	松柏木	壬辰 癸巳	長流水
甲午 乙未	沙中金	丙申 丁酉	山下火	戊戌 己亥	平地木	庚子 辛丑	壁上土	壬寅 癸卯	金箔金
甲辰 乙巳	覆燈火	丙午 丁未	天河水	戊申 己酉	大驛土	庚戌 辛亥	釵釧金	壬子 癸丑	桑柘木
甲寅 乙卯	大溪水	丙辰 丁巳	沙中土	戊午 己未	天上火	庚申 辛酉	石榴木	壬戌 癸亥	大海水

① 納音五行(生年)으로 보는 宮合

男金女金=길흉이 많으니 빈한한 상이라 부부의 정이 없고 자손은 창성하나 덕이 없으며 형제 불화하고 패가망신하리라。

男金女木=금극목하니 만사에 구설이 분분하도다。 패망지격이요 자손이 불화하고 가도가 쇠잔하여 재물이 궁핍하리라。

男金女水=금생수하니 부귀복록이 많고 가도가 넉넉하고 자손이 영귀하여 명망이 높으며 부부간에 금슬이 좋으리라。

男金女火=화극금이니 백년을 근심할 격이라 재산이 점점 사라질 것이요、부부 이별수 있고 자손운도 불길하리라。

男金女土=금토가 상생하니 부귀공명지격이로다。 자손이 번성하고 노비 전답이 즐비하며 거룩한 이름이 진동하리라。

男木女金=금극목하니 불길하다。 부부 해로하기 어렵고 일생 곤궁하며 자손이 창성치 못하고 재앙이 간간 침노하리라。

男木女木=평생에 길흉이 상반한다。 부부 화락하여 생남생녀하고 간간 성패수로 재물은 못 모으나 궁색은 면하리라。

男木女水=수생목하니 부부 금슬이 지극하다。 자손이 효도하고 친척이 화목하며 복록이 무궁하여 부귀장수하리라。

男木女火=목생화하니 자손이 만당하고 금슬이 화락하도다。 일생을 금의옥식할 것이요、만인의 숭앙을 받게 되리라。

男木女土=목극토하니 부부 금슬이 불화하도다。 친척이 불목하고 자손이 불효하며 패가망신하리라。

男水女金=금생수하니 부귀 겸비하고 자손이 창성한다。 생애가 즐겁고 친척이 화목하며、노비 전답이 많으리라。

男水女木=수생목하니 부귀지격이로다。 부부 금슬이 중하고 일가가 화순하며 노비 전답이 즐비하리라。

男水女水=양수가 상합하니 재산이 흥왕하며 영화가 무궁하고 공명을 얻고 자손이 만당하니 일생 태평하리라。

男水女火=수화가 상극하니 부부 불합하고 자손이 불효하며 일가 친척이 화목치 못하여 자연히 패가하리라。

男水女土=수토가 상극하니 금슬이 불화하고 자손이 불효하여 가도가 자연 패하고 재물이 부족하며 부부 이별하리라。

男火女金=화극금하니 매사가 막히고 자손궁이 좋지 못하도다。 인륜이 어지러워지고 재물이 흩어지리라。

男火女木=목생화하니 만사대길하다。 부부화합하고 자손이 효도하며 부귀의 이름이 사방에 진동하리라。

男火女水=수극화하니 만사가 대흉하도다。 상부 상처할 것이요、일가 친척이 화목치 못하고 재물이 자연 사라지리라。

男火女火=양화가 서로 만나니 길한 것이 없고 흉한 것이 많도다。 재물이 부족하고 부부 불화하며 화재수 있으리라。

男火女土=화생토하니 부부 해로하여 자손이 창성하고 부귀공명이 겸전하여 재물이 넉넉하니 만사가 여의하리라。

男土女金=토생금하니 재물이 풍족하고 일생 근심이 없다。 부귀와 공명을 누리니 그 이름을 세상에 전하리라。

男土女木=목극토하니 부부 불화하고 관재 구설이 따르며 집이 비록 부유하나 재물이 사라지고 근심이 중중하리라。

男土女水=토극수하니 자손이 비록 있어도 동서로 흩어질 것이요、부부간에 생이별하고 가업도 쇠잔하리라。

男土女火=화생토하니 부부간에 금슬이 좋고 자연 치부하여 재물이 산과 같고 효자 효부를 두어 안과태평하리라。

男土女土=양토가 상합하니 자손이 창성하고 부귀할 격이로다。 금의옥식에 고루거각에 앉아 태평세월하리라。

② 九宮法으로 보는 宮合

이 宮合法은 中元甲子 一九二四年 이후 一九八三年 사이、下元甲子 一九八四年 이후 二〇四四年 사이에 出生한 男女에 해당한다。

男子의 生年과 女子의 生年으로 대조하여 보는바 **生氣・福德・天醫** 宮合이 되면 大吉하여 夫婦偕老 子孫昌盛에 富貴하고 **歸魂** 및 **絶體・遊魂** 宮合은 吉도 凶도 아니므로 무해무익하고、**禍害・絶命**을 만나면 夫婦不和 혹은 離別에 재물도 궁핍하다고 하니 피함이 좋다。

가령 下元甲子 男子 甲子 癸酉 壬午 辛卯 庚子 己酉 戊午生이 女子 甲子 癸酉 壬午 辛卯 庚子 己酉 戊午生을 만나면 **絶命** 宮合이 되어 大凶하고、女子 乙丑 甲戌 癸未 壬辰 辛丑 庚戌 己未生을 만나면 **福德** 宮合이 되어 大吉하다。

中元甲子 1924~1983년 해당

女子의 生年 干支 \ 男子의 生年 干支	甲子 癸酉 壬午 辛卯 庚子 己酉 戊午	乙丑 甲戌 癸未 壬辰 辛丑 庚戌 己未	丙寅 乙亥 甲申 癸巳 壬寅 辛亥 庚申	丁卯 丙子 乙酉 甲午 癸卯 壬子 辛酉	戊辰 丁丑 丙戌 乙未 甲辰 癸丑 壬戌	己巳 戊寅 丁亥 丙申 乙巳 甲寅 癸亥	庚午 己卯 戊子 丁酉 丙午 乙卯	辛未 庚辰 己丑 戊戌 丁未 丙辰	壬申 辛巳 庚寅 己亥 戊申 丁巳
甲子 癸酉 壬午 辛卯 庚子 己酉 戊午	絶命	遊魂	生氣	福德	絶體	歸魂	天醫	禍害	歸魂
乙丑 甲戌 癸未 壬辰 辛丑 庚戌 己未	福德	生氣	遊魂	絶命	天醫	禍害	絶體	歸魂	禍害
丙寅 乙亥 甲申 癸巳 壬寅 辛亥 庚申	生氣	福德	絶命	遊魂	禍害	天醫	歸魂	絶體	天醫
丁卯 丙子 乙酉 甲午 癸卯 壬子 辛酉	天醫	禍害	歸魂	絶體	福德	生氣	絶命	遊魂	生氣
戊辰 丁丑 丙戌 乙未 甲辰 癸丑 壬戌	遊魂	絶命	福德	生氣	歸魂	絶體	禍害	天醫	絶體
己巳 戊寅 丁亥 丙申 乙巳 甲寅 癸亥	禍害	天醫	絶體	歸魂	生氣	福德	遊魂	絶命	福德
庚午 己卯 戊子 丁酉 丙午 乙卯	天醫	禍害	歸魂	絶體	福德	生氣	絶命	遊魂	生氣
辛未 庚辰 己丑 戊戌 丁未 丙辰	絶體	歸魂	禍害	天醫	絶命	遊魂	福德	生氣	遊魂
壬申 辛巳 庚寅 己亥 戊申 丁巳	歸魂	絶體	天醫	禍害	遊魂	絶命	生氣	福德	絶命

下元甲子 1984~2043년 해당

女子의 生年 干支 \ 男子의 生年 干支	甲子 癸酉 壬午 辛卯 庚子 己酉 戊午	乙丑 甲戌 癸未 壬辰 辛丑 庚戌 己未	丙寅 乙亥 甲申 癸巳 壬寅 辛亥 庚申	丁卯 丙子 乙酉 甲午 癸卯 壬子 辛酉	戊辰 丁丑 丙戌 乙未 甲辰 癸丑 壬戌	己巳 戊寅 丁亥 丙申 乙巳 甲寅 癸亥	庚午 己卯 戊子 丁酉 丙午 乙卯	辛未 庚辰 己丑 戊戌 丁未 丙辰	壬申 辛巳 庚寅 己亥 戊申 丁巳
甲子 癸酉 壬午 辛卯 庚子 己酉 戊午	絶命	遊魂	生氣	天醫	禍害	歸魂	絶體	福德	生氣
乙丑 甲戌 癸未 壬辰 辛丑 庚戌 己未	福德	生氣	遊魂	絶體	歸魂	禍害	天醫	絶命	遊魂
丙寅 乙亥 甲申 癸巳 壬寅 辛亥 庚申	生氣	福德	絶命	歸魂	絶體	天醫	禍害	遊魂	絶命
丁卯 丙子 乙酉 甲午 癸卯 壬子 辛酉	天醫	禍害	歸魂	絶命	遊魂	生氣	福德	絶體	歸魂
戊辰 丁丑 丙戌 乙未 甲辰 癸丑 壬戌	絶體	歸魂	禍害	福德	生氣	遊魂	絶命	天醫	禍害
己巳 戊寅 丁亥 丙申 乙巳 甲寅 癸亥	歸魂	絶體	天醫	生氣	福德	絶命	遊魂	禍害	天醫
庚午 己卯 戊子 丁酉 丙午 乙卯	絶命	遊魂	生氣	天醫	禍害	歸魂	絶體	福德	生氣
辛未 庚辰 己丑 戊戌 丁未 丙辰	禍害	天醫	絶體	遊魂	絶命	福德	生氣	歸魂	絶體
壬申 辛巳 庚寅 己亥 戊申 丁巳	遊魂	絶命	福德	禍害	天醫	絶體	歸魂	生氣	福德

③ 宮合에 참고

• **怨嗔關係**(원진관계)

子生과 未生(쥐띠와 양띠) 卯生과 申生(토끼띠와 원숭이띠)
丑生과 午生(소띠와 말띠) 辰生과 亥生(용띠와 돼지띠)
寅生과 酉生(범띠와 닭띠) 巳生과 戌生(뱀띠와 개띠)

• **男女相冲法**

子生과 午生、丑生과 未生、寅生과 申生、
卯生과 酉生、辰生과 戌生、巳生과 亥生

陽宅門

① 成造運(집 짓는 운 보는 법)

본 표는 천기대요에 수록된 금루사각이 아님

(巽)	(離)	(坤)
8 53	9 54	1 46
17 62	18 63	10 56
26 71	27 72	19 64
34 80	36 81	28 73
43 89	44 90	37 82
牛馬四角	大 吉	妻子四角
(震)	(中)	(兌)
7 52	5 50	2 47
16 61	15 55	11 57
24 70	25 65	20 66
33 79	35 75	29 74
42 88	45 85	38 83
大 吉	蠶四角(凶)	大 吉
(艮)	(坎)	(乾)
6 51	4 49	3 48
14 60	13 59	12 58
23 69	22 68	21 67
32 78	31 77	30 76
41 87	40 86	39 84
自四角(凶)	大 吉	父母四角

위 표는 成造運(집 짓는 운)을 보는 法이다。숫자는 남녀를 막론하고 해당 연령인바 당년 나이가 中宮의 蠶四角이나 艮宮의 自四角에 드는 해는 成造에 不可하며、妻子四角은 妻子가 있는 경우 나쁘고(妻子不利)、父母四角은 父母가 계시면 不利하다(父母不吉)。단 牛馬四角은 일반 건축은 무방하나 畜舍짓는 것을 꺼리는데 가능하면 成造하지 않는 게 좋다。고로 年齡이 坎·離·震·兌에 드는 해를 가려 집을 짓는 게 大吉하다。

② 坐向運 : 建物의 坐向으로 年運을 맞춘다。

子午卯酉年 = 辰戌丑未乙辛丁癸坐向이 大吉
辰戌丑未年 = 寅申巳亥乾坤艮巽坐向이 大吉
寅申巳亥年 = 子午卯酉壬丙庚甲坐向이 大吉

③ 成造吉年 : 일반적으로 건축하는 데 吉한 年이다。

乙丑 戊辰 庚午 乙酉 丙戌 己丑 庚寅 辛卯 癸巳 乙未 戊戌 庚子
乙卯 丙辰 己未 庚申 辛酉 癸亥年이 吉。

④ 吉向法

申子辰生 = 申向 戌向 亥向(西北向도 무방)
巳酉丑生 = 巳向 未向 申向(西南向도 무방)
寅午戌生 = 寅向 辰向 巳向(東南向도 무방)
亥卯未生 = 亥向 丑向 寅向(東北向도 무방)

⑤ 집수리 못하는 방위

건물을 새로 짓는 것보다 이미 건축된 건물을 수리하는 일을 더 주의해야 한다。어느 해를 막론하고 三殺方과 大將軍方을 꺼리지만 호주나 세대주 부부의 연령으로 수리하지 못하는 방위가 있고 또 당년 年月에 따라 집수리하면 어린이에게 厄이 이르는 방위가 있다。이 두 가지 꺼리는 방위는 다음과 같다。

• 身皇·定命殺

당년 연령	집수리 및 건물 짓는 데 불리한 방위	
	남자	여자
1 10 19 28 37 46 55 64 73 82	西南·東北	西南·東北
2 11 20 29 38 47 56 65 74 83	正東·正西	正北·正南
3 12 21 30 39 48 57 66 75 84	東南·西北	正南·正北
4 13 22 31 40 49 58 67 76 85	中央	東北·西南
5 14 23 32 41 50 59 68 77 86	西北·東南	正西·正東
6 15 24 33 42 51 60 69 78 87	正西·正東	西北·東南
7 16 25 34 43 52 61 70 79 88	東北·西南	中央
8 17 26 35 44 53 62 71 80 89	正南·正北	東南·西北
9 18 27 36 45 54 63 72 81 90	正北·正南	正東·正西

옆의 표에 해당하지 않더라도 누구를 막론하고 三殺方과 大將軍方은 집을 달아내거나 집수리하는 것을 꺼린다。

• 小兒殺

다음 방위를 범하면 十五세 이전의 小兒에게 不利하다는 殺方이다。

大小月의 年 / 月別	小月 子寅辰午申戌年	小月 丑卯巳未酉亥年	大月 甲癸丁庚年	大月 乙辛戊年	大月 丙壬己年
正	中	南	東北	中	西南
二	西北	北	西	東南	北
三	西	西南	西北	東	南
四	東北	東	中	西南	東北
五	南	東南	東南	北	西
六	北	中	東	南	西北
七	西南	西北	西南	東北	中
八	東	西	北	西	東南
九	東南	東北	南	西北	東
十	中	南	東北	中	西南
十一	西北	北	西	東南	北
十二	西	西南	西北	東	南

• 東西四宅法

사람은 누구나 자기의 運에 가장 잘 맞는 집에 살기를 원한다。 사실상 그것이 그렇게 어려운 일이 아님에도 이유는 모르겠지만 이러한 소원을 이루고 사는 사람이 그다지 많지 않다。 가옥에서 最吉한 三要(안방、대문、주방)를 찾아 바르게 이용하려는 것인데 이를 아래와 같이 九宮에다 대입하여 판단하는 것이다。 그러려면 九宮圖를 먼저 이해하여야 하고、다음으로 主命이 東四命人에 해당하는지 西四命人에 해당하는지를 알아야 한다。

坎、離、震、巽이 東四宅宮으로 동사명인에게 이롭고、乾、坤、艮、兌는 西四宅宮이므로 서사명인에게 이로운 것으로 고정시켜 놓은 것이다。 또 자기가 동사명인인지、서사명인인지를 알아야 하는데 이것은 奇門에 配屬시켜 알아야 하나 구궁의 주기성을 이용하면 쉽게 알 수 있다。

巽 四綠	離 九紫	坤 二黑
震 三碧	中宮 五黃	兌 七赤
艮 八白	坎 一白	乾 六白

[九宮圖]

■대주가 남자인 경우

百에서 생년 끝 2단위[西紀]를 뺀 나머지를 나누기 9하고 나머지 숫자가 자기 年白이다。

㉮ 1971년생이라면 一百 - 七十一 = 二十九。二十九 ÷ 九 = 三。나머지가 2이므로 坤宮이 자기 年白이다。

■대주가 여자인 경우

자기의 西紀로 생년 끝 2단위에서 4를 뺀 다음 나누기 9하고 나머지 숫자가 자기 年白이다。

㉮ 1971년생이라면 七十一 -四 = 六十七。六十七 ÷ 九 = 七。나머지가 4이므로 巽宮이 자기 年白이다。

이렇게 나온 답이 1이면 坎、3이면 震、4면 巽、9면 맞아떨어진 것이니 離이므로 東四命人이며、2면 坤、5면 中、6이면 乾、7이면 兌、8이면 艮이니 西四命人이다。

東四宅—坎·離·震·巽坐
西四宅—乾·坤·艮·兌坐

坎宮—壬子癸 三坐　　**艮宮**—丑艮寅 三坐
震宮—甲卯乙 三坐　　**巽宮**—辰巽巳 三坐
離宮—丙午丁 三坐　　**乾宮**—戌乾亥 三坐
兌宮—庚酉辛 三坐　　**坤宮**—未坤申 三坐

가장 중요한 것은 동사명인은 東四宅宮이 이로우니 坐向、대문、안방、주방이 모두 동사궁 방위에서 배치되어야 하고、서사명인이면 西四宅宮이 이로우니 좌향、대문、안방、주방이 반드시 서사궁 內에서 배치되어야 한다。만약 동사명인이 서사택궁이 섞인다거나 서사명인인데 동사택궁이 섞이면 혼잡되어 흉하다。

• 門·廚房 방위법

家屋에 있어 坐向이 정해지면 그 坐向에 따른 出入門 및 廚房의 吉凶方을 보는 방법인데 다음 表와 같다。

方＼坐	坎	艮	震	巽	離	坤	兌	乾
坎	伏吟	五鬼	天乙	生氣	延年	絶命	禍害	六殺
艮	五鬼	伏吟	六殺	絶命	禍害	生氣	延年	天乙
震	天乙	六殺	伏吟	延年	生氣	禍害	絶命	五鬼
巽	生氣	絶命	延年	伏吟	天乙	五鬼	六殺	禍害
離	延年	禍害	生氣	天乙	伏吟	六殺	五鬼	絶命
坤	絶命	生氣	禍害	五鬼	六殺	伏吟	天乙	延年
兌	禍害	延年	絶命	六殺	五鬼	天乙	伏吟	生氣
乾	六殺	天乙	五鬼	禍害	絶命	延年	生氣	伏吟

坐로 門과 廚房의 방위를 대조하고、또는 門方位로 坐와 廚房方位의 吉凶을 본다。

東四宅은 生氣方이 上吉하고 延年方이 中吉하며 天乙方이 小吉하다。西四宅은 延年方이 上吉이요 天乙方이 中吉하며 生氣方이 小吉이라 한다。五鬼·六殺·禍害·絶命方은 凶하며 伏吟은 半凶半吉이다。그러므로 東西四宅을 막론하고 坐와 門과 廚房의 方位가 生氣 天乙 延年이 되도록 맞춰야 吉하다。

男子는 震宮, 女子는 坤宮에 1歲를 起하여 九宮을 順行한다. 그리하여 연령 닿는 宮을 中宮에 넣고 九宮方을 배치

移徙方位 一覽表

一天祿 二眼損 三食神 四徵破 五鬼 六合食 七進鬼 八官印 九退食

〔참고〕 이사방위법을 모르는 사람들은 무조건 大將軍方과 三殺方이라 해서 절대 이사를 못하고 그 외 方位는 나쁘지 않은 줄로만 안다。 그러나 그렇지 않은 것은 年神의 凶方보다 主人公의 年齡에 맞추어 移徙方位를 보는 게 원칙이다。 三殺方이 아니라도 주인공에게 나쁜 方位면 不利하고、三殺方이라도 主人公에게 좋은 방위면 무방한 方位라 하겠다。

。**方位의 吉凶**＝天祿(천록)·食神(식신)·合食(합식)·官印方(관인방)은 大吉하고、眼損(안손)·徵破(징파)·五鬼(오귀)·進鬼(진귀)·退食方(퇴식방)은 不利한 方位다。 즉 天祿·官印方은 官職과 祿俸이 오르는 吉方이고、合食과 食神方은 財物이 생긴다는 吉方이며、眼損方은 眼疾과 損財、徵破方은 損財와 失敗、五鬼·進鬼方은 우환과 질병·손재、退食方은 재산이 줄어드는 凶方이라 한다。

	區分 / 年齡	天祿(천록) 길함	眼損(안손) 흉함	食神(식신) 길함	徵破(징파) 흉함	五鬼(오귀) 흉함	合食(합식) 길함	進鬼(진귀) 흉함	官印(관인) 길함	退食(퇴식) 흉함
男子의 年齡	一 十 十九 二十八 三十七 四十六 五十五 六十四 七十三 八十二 九十一	東	東南	中	西北	西	東北	南	北	西南
	二 十一 二十 二十九 三十八 四十七 五十六 六十五 七十四 八十三 九十二	西南	東	東南	中	西北	西	東北	南	北
	三 十二 二十一 三十 三十九 四十八 五十七 六十六 七十五 八十四 九十三	北	西南	東	東南	中	西北	西	東北	南
	四 十三 二十二 三十一 四十 四十九 五十八 六十七 七十六 八十五 九十四	南	北	西南	東	東南	中	西北	西	東北
	五 十四 二十三 三十二 四十一 五十 五十九 六十八 七十七 八十六 九十五	東北	南	北	西南	東	東南	中	西北	西
	六 十五 二十四 三十三 四十二 五十一 六十 六十九 七十八 八十七 九十六	西	東北	南	北	西南	東	東南	中	西北
	七 十六 二十五 三十四 四十三 五十二 六十一 七十 七十九 八十八 九十七	西北	西	東北	南	北	西南	東	東南	中
	八 十七 二十六 三十五 四十四 五十三 六十二 七十一 八十 八十九 九十八	中	西北	西	東北	南	北	西南	東	東南
	九 十八 二十七 三十六 四十五 五十四 六十三 七十二 八十一 九十 九十九	東南	中	西北	西	東北	南	北	西南	東
女子의 年齡	一 十 十九 二十八 三十七 四十六 五十五 六十四 七十三 八十二 九十一	東南	中	西北	西	東北	南	北	西南	東
	二 十一 二十 二十九 三十八 四十七 五十六 六十五 七十四 八十三 九十二	東	東南	中	西北	西	東北	南	北	西南
	三 十二 二十一 三十 三十九 四十八 五十七 六十六 七十五 八十四 九十三	西南	東	東南	中	西北	西	東北	南	北
	四 十三 二十二 三十一 四十 四十九 五十八 六十七 七十六 八十五 九十四	北	西南	東	東南	中	西北	西	東北	南
	五 十四 二十三 三十二 四十一 五十 五十九 六十八 七十七 八十六 九十五	南	北	西南	東	東南	中	西北	西	東北
	六 十五 二十四 三十三 四十二 五十一 六十 六十九 七十八 八十七 九十六	東北	南	北	西南	東	東南	中	西北	西
	七 十六 二十五 三十四 四十三 五十二 六十一 七十 七十九 八十八 九十七	西	東北	南	北	西南	東	東南	中	西北
	八 十七 二十六 三十五 四十四 五十三 六十二 七十一 八十 八十九 九十八	西北	西	東北	南	北	西南	東	東南	中
	九 十八 二十七 三十六 四十五 五十四 六十三 七十二 八十一 九十 九十九	中	西北	西	東北	南	北	西南	東	東南

陰宅門

① 重喪日·復日·重日

葬禮式은 凶事라 거듭되어서는 안된다。 重喪은 喪이 거듭난다는 뜻이 있고 重日·復日은 무엇이든지 거듭된다는 뜻이 있으므로 이날을 꺼리는 것이다。 다음 표와 같다。

區分 \ 月支	寅	卯	辰	巳	午	未	申	酉	戌	亥	子	丑
重喪日	甲	乙	己	丙	丁	己	庚	辛	己	壬	癸	己
復日	庚	辛	戊	壬	癸	戊	甲	乙	戊	丙	丁	戊
重日	巳亥	巳亥	巳亥	巳亥	巳亥	巳亥	巳亥	巳亥	巳亥	巳亥	巳亥	巳亥

간단히 기억하는 요령은 다음과 같다。

正·七月 = 甲庚巳亥日　　**二·八月 = 乙辛巳亥日**
三·九月 = 戊己巳亥日　　**四·十月 = 丙壬巳亥日**
五·十一月 = 丁癸巳亥日　　**六·十二月 = 戊己巳亥日**

즉 正甲 二乙 三己 四丙 五丁 六己 七庚 八辛 九己 十壬 十一癸 十二己日이 重喪日이고、正七月甲庚、二八月乙辛、三六九十二月戊己、四十月壬丙 五、十一月丁癸日이 復日이며 每月 巳亥日이 重日이다。

그러므로 初喪이 나서 葬禮日을 결정할 때 가능하면 重喪·重·復日을 피하여 날을 정하는 게 바람직하다。

② 入棺吉時

대개 入棺은 殮襲을 마치면 즉시 한다。 그러므로 殮襲은 入棺吉時에서 一時間 정도 앞서 시작하면 될 것이다。 入棺에 吉하다는 時間은 다음과 같다。

子日－甲庚時　　**丑日－乙辛時**　　**寅日－乙癸時**
卯日－丙壬時　　**辰日－丁甲時**　　**巳日－乙庚時**
午日－丁癸時　　**未日－乙辛時**　　**申日－甲癸時**
酉日－丁壬時　　**戌日－庚壬時**　　**亥日－乙辛時**

이를 알기 쉽게 나타내면 다음과 같다。

甲子日－午戌時	乙丑日－巳酉時	丙寅日－巳未時	丁卯日－寅午時
戊辰日－寅巳時	己巳日－亥午時	庚午日－未亥時	辛未日－卯未時
壬申日－辰卯時	癸酉日－巳戌時	甲戌日－午申時	乙亥日－巳酉時
丙子日－寅午時	丁丑日－巳亥時	戊寅日－卯亥時	己卯日－寅申時
庚辰日－亥申時	辛巳日－寅未時	壬午日－卯未時	癸未日－卯酉時
甲申日－酉戌時	乙酉日－午亥時	丙戌日－寅辰時	丁亥日－巳亥時
戊子日－寅申時	己丑日－未亥時	庚寅日－未酉時	辛卯日－辰申時
壬辰日－辰未時	癸巳日－卯申時	甲午日－卯酉時	乙未日－巳酉時
丙申日－巳午時	丁酉日－寅未時	戊戌日－申戌時	己亥日－未亥時
庚子日－辰申時	辛丑日－卯未時	壬寅日－卯巳時	癸卯日－辰戌時
甲辰日－卯戌時	乙巳日－辰酉時	丙午日－巳酉時	丁未日－巳亥時
戊申日－寅亥時	己酉日－卯申時	庚戌日－辰午時	辛亥日－卯未時
壬子日－辰戌時	癸丑日－卯酉時	甲寅日－酉亥時	乙卯日－午戌時
丙辰日－午酉時	丁巳日－巳戌時	戊午日－巳亥時	己未日－未亥時
庚申日－未申時	辛酉日－辰酉時	壬戌日－寅戌時	癸亥日－卯酉時

③ 下棺吉時(단 黃道時라도 安葬은 巳·午·未·申時 중에)

黃道時에 貴人時를 겸하면 좋고 마땅치 않으면 그냥 黃道時만 가려 써도 좋다。

黃道時

子午日은 子丑卯午申酉時　　**丑未日은 寅卯巳申戌亥時**
寅申日은 子丑辰巳未戌時　　**卯酉日은 子寅卯午未酉時**
辰戌日은 寅辰巳申酉亥時　　**巳亥日은 丑辰午未戌亥時**

貴人時

甲·戊·庚日은 丑·未時、乙·己日은 子·申時、丙·丁日은 亥·酉時、辛日은 寅·午時、壬·癸日은 巳·卯時

④ 停喪忌方

尸身을 墓地로 운반하기 爲해 喪輿나 靈柩車를 待期시킬 경우(病院에서는 不要) 안방을 기준 상여나 영구차를 세워두는 것을 꺼리는 방위이다。 또 墓地에서는 壙中을 기준、상여 및 棺을 安置하지 않는 方位도 된다。

巳酉丑年日—艮方(東北)　申子辰年日—巽方(東南)
寅午戌年日—乾方(西北)　亥卯未年日—坤方(西南)

⑤ 祭主不伏方

靈座를 設置하지 않는 方位다。

三殺方=申子辰年日—巳午未方(南)　巳酉丑年日—寅卯辰方(東)
寅午戌年日—亥子丑方(北)　亥卯未年日—申酉戌方(西)

羊刃方=甲年日—卯方、　乙年日—辰方、　丙年日—午方、
丁年日—未方、　戊年日—午方、　己年日—未方、
庚年日—酉方、　辛年日—戌方、　壬年日—子方、
癸年日—丑方

⑥ 下棺할 때 피하는 法

다음에 해당하는 사람은 尸身을 壙中에 安置하는 순간을 보지 않아야 한다(三分 정도만 피하면 된다)。

正冲=葬日과 日干이 같고 日支와는 冲되는 사람(가령 甲子日이면 甲午生、乙丑日이면 乙未生、戊寅日이면 戊申生이 피한다)

旬冲=葬日과 同旬中에 해당 生年과 日支가 冲하는 사람(가령 甲子日이면 庚午生、丙子日이면 壬午生、간단한 法은 葬日과 天干 地支가 모두 冲하는 사람)

太歲壓本命=葬事하는 해의 太歲를 中宮에 넣고 九宮을 順行、中宮에 드는 사람은 그 해 일년은 下棺하는 것을 보지 않는 것이 좋다。

⑦ 動塚運(移葬·莎草·立石에 참고)

大利·小利가 닿는 해는 移葬·莎草(떼 입히고 축대 쌓고 봉분 고치는 일)·비석 세우는 일을 할 수 있으나 重喪運이 되는 해는 이상과 같은 일을 못한다。 또는 먼저 쓴 墓에 重喪運이 되면 그 묘에 新墓을 함께 쓰거나、그 묘를 옮겨 新墓로 合窆을 못한다。 大利 小利運이라야 가능하다。(舊墓에서 格定한다)

이장·사초·비석·상돌·합장 등에 이 표를 참고하라。

坐向	大利	小利	重喪
壬子癸丑 丙午丁未	辰戌丑未年	子午卯酉年	寅申巳亥年
乙辰巽巳 辛戌乾亥	寅申巳亥年	辰戌丑未年	子午卯酉年
艮寅甲卯 坤申庚酉	子午卯酉年	寅申巳亥年	辰戌丑未年

⑧ 萬年圖

이 表는 새로 쓰는 墓의 坐運을 보는 法이다。 二十四坐는 地理法에 의하여 결정된다。 단 地理法에 의하여 어떤 위치에 적당한 坐가 결정되었더라도 年運하고 맞아야 한다。

坐가 **大利運**이나 **小利運**에 해당하면 가장 좋고 年克·傍陰符에 해당하면 不利인데 移葬新墓는 꺼려도 初喪에는 크게 꺼리지 않는다。 일반적으로 三殺은 거의 쓰지 않으나 만부득이한 경우 다음과 같은 制殺法을 적용하면 무방하다고 하였다。

丙坐	巳坐	巽坐	辰坐	乙坐	卯坐	甲坐	寅坐	艮坐	丑坐	癸坐	子坐	坐 / 年
向殺	天官	年克	年克	大利	陰符	年克	年克 地官	大利	年克 三殺	年克 坐殺	年克 三殺	戊戌
傍陰 空亡	年克 歲破	陰符	小利	向殺	年克 地官	向殺	天官	陰符 年克	大利	大利	小利	己亥
坐殺	傍陰 三殺	小利	地官	小利	灸退	傍陰	大利	小利	傍陰	向殺	小利	庚子
浮天	地官	年克	年克 三殺	傍陰 坐殺	三殺	年克 坐殺	年克 三殺	小利	年克	年克 傍陰	陰符 年克	辛丑
向殺	天官	小利	小利	大利	大利	浮天	傍陰	大利	三殺	坐殺	三殺	壬寅
小利	大利	小利	小利	向殺 浮天	陰符	向殺	天官	小利	大利	小利	大利	癸卯
傍陰 坐殺	三殺	陰符	小利	小利	灸退	小利	大利	陰符	小利	向殺	小利	甲辰
大利	傍陰	年克	年克 三殺	坐殺	三殺	年克 坐殺	年克 三殺	小利	年克 傍陰	年克 浮天	年克 灸退	乙巳
向殺	天官	小利	傍陰	大利	大利	大利	大利	大利	三殺	向殺 傍陰	三殺 歲破	丙午
小利	大利	年克	年克	向殺	小利	年克 向殺	傍陰 天官	小利	年克 歲破	年克	年克	丁未

壬坐	亥坐	乾坐	戌坐	辛坐	酉坐	庚坐	申坐	坤坐	未坐	丁坐	午坐	坐 / 年
坐殺	傍陰 三殺	小利	年克	年克	灸退	年克 傍陰	年克	年克 浮天	年克 傍陰	向殺 浮天	小利	戊戌
大利	大利	浮天	三殺	傍陰 坐殺	三殺	坐殺	三殺	小利	小利	小利	灸退	己亥
向殺	天官 年克	陰符 年克	大利	大利	陰符 年克	大利	小利	大利	三殺	年克 坐殺	三殺 歲破	庚子
小利	大利	小利	年克	向殺 年克	小利	向殺 年克	天官 年克	陰符 年克	年克	大利	小利	辛丑
傍陰 坐殺	三殺	陰府	傍陰	小利	灸退	小利	歲破	小利	小利	傍陰 向殺	陰符 地官	壬寅
大利	年克 傍陰	年克	三殺	坐殺	歲破 三殺	傍陰 坐殺	三殺	陰府	地官	年克	灸退	癸卯
空亡 浮天	天官 年克	年克	歲破	傍陰	年克	大利	地官	大利	三殺	年克 坐殺	三殺	甲辰
傍陰	歲破	陰符	年克	向殺 年克	陰符 地官	向殺 年克	天官 年克	年克	年克	傍陰	大利	乙巳
坐殺	年克 三殺	年克	地官	浮天	灸退 年克	小利	傍陰	破敗 陰符	小利	年克 坐殺	小利	丙午
大利	地官	陰府	年克 三殺	年克 坐殺	三殺	坐殺 年克	年克 三殺	年克	年克	小利	陰符 灸退	丁未

• 制殺法

三殺＝삼살은 劫殺 災殺 歲殺이니 地支로 오는 極凶한 살이므로 피하는 것이 당연하고 伏兵 大禍는 삼살의 天干인데 陽干을 伏兵이라 하고 陰干을 大禍라 한다。역시 삼살 다음으로 極凶하니 피하는 것이 좋다。天機大要에 「亡人의 生年 및 喪主生年의 納音五行으로 制殺하거나 당년 年月日時의 納音五行으로 制殺한다」고 되어 있으나 三殺制法은 없으므로 三殺과 맞서지 말고 避殺함이 가장 좋다。

坐殺 向殺＝만약 三殺의 天干 伏兵 大禍가 坐가 될 경우 坐殺이라 하고 그 向을 向殺이라 한다。삼살 다음으로 흉한 살이다。

天官符 地官符 炙退＝葬埋에는 꺼리지 않고 陽宅에만 꺼린다。

年克＝太歲의 納音이 山運을 克하면 年克인데 새로 쓰는 墓의 坐가 年克이 되면 좋지 않다。그러나 太歲納音이 山運을 克하여 年克이 될 경우 亡人이나 祭主生年의 納音五行이 太歲納音을 克하거나 行事月日時 納音이 太歲納音을 다시 克해 주면 制殺되어 無妨하다。

傍陰符＝傍陰符는 年月의 化氣 五行이 坐山의 化氣 五行을 剋하는 것이니、正五行으로 陰符의 七殺을 만들어 剋하면 제압된다。이것이 곧 補龍扶山하여 「坐山은 强하게 하고 陰符殺은 弱하게」하여 制殺하는 확실한 법이다。그러나 坐山과 陰符殺이 같은 오행이면 坐山도 함께 다치므로 制殺이 안되니 避하는 것이 좋다。

• 墓龍變運

坐(五行) / 年	兌丁乾亥(金山)	卯艮巳(木山)	離壬丙乙(火山)	甲寅辰巽戌坎辛申(水山)	癸丑坤庚未(土山)
甲己年	乙丑金運	辛未土運	甲戌火運	戊辰木運	戊辰木運
乙庚年	丁丑水運	癸未木運	丙戌土運	庚辰金運	庚辰金運
丙辛年	己丑火運	乙未金運	戊戌木運	壬辰水運	壬辰水運
丁壬年	辛丑土運	丁未水運	庚戌金運	甲辰火運	甲辰火運
戊癸年	癸丑木運	己未火運	壬戌水運	丙辰土運	丙辰土運

墓龍變運은 葬事 擇日에서 體가 되므로 반드시 지켜야 하는 것이다。가령 年月日時의 納音이 生하거나 比和되는 것이 가장 좋고、墓龍運이 年月日時의 納音을 剋하는 것도 더욱 좋다。그러나 年月日時의 納音이 墓龍運을 洩氣하는 것은 불리하며、剋하는 것은 凶하다。

• 開塚忌日

移葬을 목적하거나 合葬하려면 이미 쓴 무덤을 헤쳐야 하는데 이를 꺼리는 日時가 있다。

甲乙日＝辛戌乾亥坐 또는 申酉時
丙丁日＝坤申庚酉坐 또는 丑午申戌時
戊己日＝辰戌酉坐 또는 辰戌酉時
庚辛日＝艮寅甲卯坐 또는 丑辰巳時
壬癸日＝乙辰巽巳坐 또는 丑未時

예를 들어 移葬·合葬하려는 墓가 辛戌乾亥坐에 해당하면 甲乙日이나 申酉時에 墓를 헐지 못한다。

• 入地空亡日

甲己亡命은 **庚午日**에 葬事지내지 않는다。
乙庚亡命은 **庚辰日**에 葬事지내지 않는다。
丙辛亡命은 **庚寅日**에 葬事지내지 않는다。
丁壬亡命은 **庚戌日**에 葬事지내지 않는다。
戊癸亡命은 **庚申日**에 葬事지내지 않는다。

• 諸神上天日

移葬・合葬하고 비석 세우고 床石 놓고 떼입히고 封墳 돋우는 일 등에 날을 가리지 않고 무조건 무방한 날이 있다。(단 動塚運에서 重喪運에 해당되지 않을 경우) 즉 다음과 같은 날이다。

寒食日、清明日、大寒後 五日～立春前 二日

寒食・清明日은 모든 神이 朝會하러 하늘로 올라가기 때문이고 大寒後 五日부터 立春前 二日은 新舊歲神들이 交替되는 其間이므로 이 상의 날을 犯해도 무방하다고 한다。이 역시 민속에서 사용하는 사람이 있어서 실었으나 근거가 없으므로 되도록 사용하지 않는 것이 좋다。

• 走馬六壬

복잡하게 이것저것 살피지 않고 移葬運만 맞으면 간단히 좋은 年月日時를 가리는 方法이 있으므로 한 가지만 收錄하여 陰宅法에 서툰 분도 三殺만 피하면 擇日할 수 있도록 한다。

陽山＝陽年、陽月、陽日、陽時를 쓴다。
陰山＝陰年、陰月、陰日、陰時를 쓴다。

陽山＝壬子艮寅乙辰丙午坤申辛戌坐
陰山＝癸丑甲卯巽巳丁未庚酉乾亥坐

• 通天竅

본래 移葬擇日은 天機大要에 收錄된 十여 종류의 吉局 가운데서 3、4局을 겸하도록 하는 게 원칙이지만 그렇게 하기는 전문가도 쉽지 않다。 그래서 3、4개의 吉局을 맞추려 하지 말고 공망일 중에서 중상・중복일을 피하여 주마육임 통천규 자백성 중 하나와 合局해 사용하면 좋은 택일이 되겠다。

四柱	大吉	進田	青龍	迎財	進宝	庫珠
申子辰 (年月日時)	艮寅	甲卯	乙辰	坤申	庚酉	辛戌
巳酉丑 (年月日時)	乾亥	壬子	癸丑	巽巳	丙午	丁未
寅午戌 (年月日時)	坤申	庚酉	辛戌	艮寅	甲卯	乙辰
亥卯未 (年月日時)	巽巳	丙午	丁未	乾亥	壬子	癸丑

• 七君下臨日

이날은 산신 기도、칠성 기도、용왕 기도에 좋은 날이다。

正月 ＝ 三、七、十五、二十二、二十六、二十七日
二月 ＝ 三、七、八、十五、二十二、二十六、二十七日
三月 ＝ 三、七、八、十五、二十二、二十六、二十七日
四月 ＝ 三、七、八、十五、二十二、二十六、二十七日
五月 ＝ 三、七、八、十五、二十二、二十六、二十七日
六月 ＝ 三、七、八、十五、二十二、二十六、二十七日
七月 ＝ 三、七、八、十五、二十二、二十七日
八月 ＝ 三、七、八、十一、十五、十九、二十二、二十七日
九月 ＝ 三、七、八、十五、十九、二十二、二十七日
十月 ＝ 三、七、八、十五、二十二、二十七、二十八日
十一月 ＝ 三、七、八、十五、二十五、二十七日
十二月 ＝ 三、七、八、十五、二十六、二十七日

紫白九星(年月日時)

현재는 下元甲子임

• 年·日紫白九星

陽遁＝冬至 後 夏至 前
陰遁＝夏至 後 冬至 前

太歲 또는 日辰 / 年·日白 / 陽遁·陰遁 / 三元	年白 一九二四年 이후 元中	年白 一九八四年 이후 元下	日白 陽遁(冬至) 上元	日白 陽遁(冬至) 中元	日白 陽遁(冬至) 下元	日白 陰遁(夏至) 上元	日白 陰遁(夏至) 中元	日白 陰遁(夏至) 下元
甲子 癸酉 壬午 辛卯 庚子 己酉 戊午	四綠	七赤	一白	七赤	四綠	九紫	三碧	六白
乙丑 甲戌 癸未 壬辰 辛丑 庚戌 己未	三碧	六白	二黑	八白	五黃	八白	二黑	五黃
丙寅 乙亥 甲申 癸巳 壬寅 辛亥 庚申	二黑	五黃	三碧	九紫	六白	七赤	一白	四綠
丁卯 丙子 乙酉 甲午 癸卯 壬子 辛酉	一白	四綠	四綠	一白	七赤	六白	九紫	三碧
戊辰 丁丑 丙戌 乙未 甲辰 癸丑 壬戌	九紫	三碧	五黃	二黑	八白	五黃	八白	二黑
己巳 戊寅 丁亥 丙申 乙巳 甲寅 癸亥	八白	二黑	六白	三碧	九紫	四綠	七赤	一白
庚午 己卯 戊子 丁酉 丙午 乙卯	七赤	一白	七赤	四綠	一白	三碧	六白	九紫
辛未 庚辰 己丑 戊戌 丁未 丙辰	六白	九紫	八白	五黃	二黑	二黑	五黃	八白
壬申 辛巳 庚寅 己亥 戊申 丁巳	五黃	八白	九紫	六白	三碧	一白	四綠	七赤

• 月紫白九星表

月別 / 年支	子午卯酉年	辰戌丑未年	寅申巳亥年
正月 十月	八白	五黃	二黑
二月 十一月	七赤	四綠	一白
三月 十二月	六白	三碧	九紫
四月	五黃	二黑	八白
五月	四綠	一白	七赤
六月	三碧	九紫	六白
七月	二黑	八白	五黃
八月	一白	七赤	四綠
九月	九紫	六白	三碧

• 時紫白九星表

甲己子午卯酉日부터 五日間 上元
甲己寅申巳亥日부터 五日間 中元
甲己辰戌丑未日부터 五日間 下元

日辰 / 陰陽遁 (甲己日－甲子時, 乙庚日－丙子時, 丙辛日－戊子時, 丁壬日－庚子時, 戊癸日－壬子時 부터 시작)	甲子 乙丑 丙寅 丁卯 戊辰 己卯 庚辰 辛巳 壬午 癸未	甲午 乙未 丙申 丁酉 戊戌 己酉 庚戌 辛亥 壬子 癸丑	己巳 庚午 辛未 壬申 癸酉 甲申 乙酉 丙戌 丁亥 戊子	己亥 庚子 辛丑 壬寅 癸卯 甲寅 乙卯 丙辰 丁巳 戊午	甲戌 乙亥 丙子 丁丑 戊寅 己丑 庚寅 辛卯 壬辰 癸巳	甲辰 乙巳 丙午 丁未 戊申 己未 庚申 辛酉 壬戌 癸亥
	陽	陰	陽	陰	陽	陰
甲子 癸酉 壬午 辛卯 庚子 己酉 戊午	一白	九紫	七赤	三碧	四綠	六白
乙丑 甲戌 癸未 壬辰 辛丑 庚戌 己未	二黑	八白	八白	二黑	五黃	五黃
丙寅 乙亥 甲申 癸巳 壬寅 辛亥 庚申	三碧	七赤	九紫	一白	六白	四綠
丁卯 丙子 乙酉 甲午 癸卯 壬子 辛酉	四綠	六白	一白	九紫	七赤	三碧
戊辰 丁丑 丙戌 乙未 甲辰 癸丑 壬戌	五黃	五黃	二黑	八白	八白	二黑
己巳 戊寅 丁亥 丙申 乙巳 甲寅 癸亥	六白	四綠	三碧	七赤	九紫	一白
庚午 己卯 戊子 丁酉 丙午 乙卯	七赤	三碧	四綠	六白	一白	九紫
辛未 庚辰 己丑 戊戌 丁未 丙辰	八白	二黑	五黃	五黃	二黑	八白
壬申 辛巳 庚寅 己亥 戊申 丁巳	九紫	一白	六白	四綠	三碧	七赤

儀禮書式

• 부조금(皮封에 쓰는 글씨)

◦婚姻＝賀儀 華燭儀 燕儀 巹儀 醮儀
◦回甲＝壽儀 祝儀 崇義 晬儀
◦初喪＝賻儀 弔儀 謹弔(花環에만 쓴다)
◦小祥 및 大祥＝奠儀 香燭代 혹은 微儀
◦正月＝歲儀 ◦秋夕＝節儀
◦送別(旅費를 봉투에 넣고)＝贐儀 餞儀
◦普通時＝芹儀 菲儀 蕪儀 菲品(物品) 薄儀

• 短句賀頌(짧은 글로 賀禮 및 人事)

◦新年＝謹賀新年 恭賀新年 恭賀新禧
◦春令＝順頌春祺 ◦夏令＝敬頌暑安
◦秋令＝肅頌秋祺 ◦冬令＝仰頌冬安
◦壽宴＝恭賀壽祺 ◦客中＝拜頌旅安
◦疾病＝拜頌調安 ◦學徒＝順頌課安
◦慶賀＝恭賀慶福

• 銘旌(명정) 쓰는 법

만약 벼슬이 있는 경우는 「學生」을 고쳐 벼슬이름(예：郡守 혹은 判事 등)을 쓰고、여자는 남편이 벼슬했으면 「孺人」을 「郡守夫人」 등의 예로 쓴다。

• 벼슬이 없을 때

학생전주이공지구
學生全州李公之柩

유인김해김씨지구
孺人金海金氏之柩

• 벼슬이 있을 때

군수풍천임공지구
郡守豊川任公之柩

군수부인밀양박씨지구
郡守夫人密陽朴氏之柩

• 紙榜(지방) 쓰는 법

• 부모 지방

현비유인김해김씨신위
顯妣孺人金海金氏神位

현고학생부군신위
顯考學生府君神位

• 조부모 지방

현조비유인해평윤씨신위
顯祖妣孺人海平尹氏神位

현조고학생부군신위
顯祖考學生府君神位

• 남편 지방

현벽학생부군신위
顯辟學生府君神位

• 아내 지방

고실유인경주최씨신위
故室孺人慶州崔氏神位

紙榜도 學生이나 孺人을 벼슬이 있으면 벼슬이름으로 고쳐 쓴다。

• 發靷祝(발인축)·遣奠祝(견전축)

상여나 영구차가 출발하기 전(發靷하기 전)이 祝을 읽는다。

영이기가 왕즉유택 재진견례 영결종천
靈輀旣駕 往則幽宅 載陳遣禮 永訣終天

• 返魂告祀(반혼고사)

무덤을 다 쓰고(平土한 뒤) 告祀를 지내면서 이 祝을 읽는다。

維歲次 ①○○ ②○○月 ③○○朔 ④○○日 ⑤○○ ⑥孤子 ⑦○○
敢昭告于
顯考⑧ 學生⑨ 府君 形歸窀穸(둔석)
神返室堂 ⑩神主未成 ⑪魂帛仍存 伏惟尊靈
是憑是依

〔설명〕 ①은 그 해의 干支(太歲) ②는 葬月 ③은 葬月의 初一日 干支 ④는 葬日 ⑤는 葬日의 干支 ⑥父喪이면 孤子、母喪에는 哀子라고 한다。父母가 모두 돌아가셨으면 孤

哀子라 쓴다。 ⑦은 喪主名 ⑧모친이면 顯妣 ⑨모친이면 孺人某貫某氏(벼슬이 있으면 벼슬이름) ⑩神主가 없을 경우 ⑪魂帛이 없이 사진만 있으면 影本寫奉

• 虞祭祝(우제축 : 삼우제)

維歲次丁酉五月癸丑朔初五日丁巳 孤子○○
敢昭告于
顯考學生府君 日月不居 奄及初虞(再虞면 再虞 三虞면 三虞라 고쳐 쓴다) 夙興夜處 哀慕不寧、謹以淸酌庶羞 哀薦祫事(再虞면 虞事、三虞면 成事로 쓴다) 尙
饗(원칙상 饗字는 위로 올려 쓴다)

[참고] : 등이 표시된 부분은 平土祭祝의 例로 변통하여 쓰면 된다。

• 四十九齋祝

건전가정의례준칙이 시행되고 있는데 이로 인한 영향도 있거니와 시대의 흐름에 따라서인지 三年喪을 치르는 이가 거의 없고 대개 四十九齋라는 명분으로 궤연상을 철수하고 있다。 그런데 四十九齋를 가정에서 지낼 경우 祝이 없다。 그래서 四十九齋祝을 몇 자만 고쳐 대신할 수 있도록 하였는데 외람된 생각은 드나 여러분의 편의를 도모하고자 소개하는 바이니 이해하기 바란다。

維歲次○○○月○○朔○○日○○ 孤子(哀子)○○
敢昭告于
顯考學生府君(혹은 顯妣孺人金海金氏)日月不居 奄及四十九齋 夙興夜處 哀慕不寧 謹以淸酌庶羞 哀薦常事 尙
饗

• 忌祭祝(父母忌日祝으로 例를 든다)

維歲次○○○月○○朔○○日○○ 孝子○○
敢昭告于
顯考學生府君
顯妣孺人忠州朴氏 歲序遷易
顯考(모친 忌日이면 顯妣) 諱日復臨 追遠感時 昊天罔極(祖父母 이상부터는 不勝永慕로 고쳐 쓴다) 謹以淸酌庶羞(餠이 없으면 庶羞를 빼고 脯醢 혹은 酒果) 恭伸奠獻 尙
饗

• 忌日祭 祭祀 節次와 呪文

이 제사 절차는 禮文에서 많이 생략하였음을 일러둔다。 虞祭·小大祥도 같은 절차인데 단 虞祭와 小大祥은 祭酒할 때 술잔을 位前에 올렸다가 내리지 않고 祭酒해서 올린다。

降神(강신)—主人은 먼저 焚香하고 再拜한다。 곧이어 술잔에 술을 반쯤 따라 茅沙(모사)에 세 번 기울여 다 따라 없애고 또 再拜한다。

參神(참신)—參禮者는 다 같이 再拜한다。

初獻(초헌)—考妣位 前에 미리 올려놓았던 빈 술잔을 내려 가득히 부어 位前에 올렸다가 다시 내려 茅沙에 조금씩 세 번 기울인 다음 (술은 남아야 한다) 位前에 올린다。 炙(적)을 올리고 메 뚜껑을 연 후 參禮者 모두 꿇어앉고 祝官은 祝을 읽는다。 祝이 끝나면 主人은 再拜한다。(參禮者는 일어선다) 炙을 내린다。

亞獻(아헌)—位前의 잔을 내려 退酒 그릇에 다 비우고 잔을 올리고 再拜한다。

終獻(종헌)—亞獻의 절차와 같다。

侑食(유식)—添酌하고、수저를 꽂고 正箸하고、主人은 再拜한다。

闔門(합문)—參禮者는 문을 닫고 밖으로 나간다。

啓門(계문)—五·六분 후 參禮者는 문을 열고 들어선다。

進熟水(진숙수)—국그릇을 내리고 대신 숭늉(물)을 올린 뒤 수저로 메를 조금씩 떠서 숭늉에 세 차례 만다。 수저를 시접 위에 놓고、메 뚜껑을 덮는다。

辭神(사신)—參禮者는 再拜한다。 祝官은 祝文과 紙榜을 태워 香爐에 담는다。

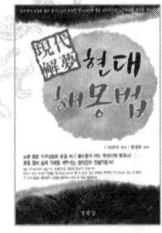

西紀 二〇二三年
檀紀 四三五六年

癸卯年 年齡對照表

西紀	檀紀	韓國	中國	日本	干支	年齡
一九二四	四二五七	民國六年	中華十三年	大正十三年	甲子	一百歲
一九二五	四二五八	七年	十四年	十四年	乙丑	九十九歲
一九二六	四二五九	八年	十五年	昭和元年	丙寅	九十八歲
一九二七	四二六〇	九年	十六年	二年	丁卯	九十七歲
一九二八	四二六一	一〇年	十七年	三年	戊辰	九十六歲
一九二九	四二六二	十一年	十八年	四年	己巳	九十五歲
一九三〇	四二六三	十二年	十九年	五年	庚午	九十四歲
一九三一	四二六四	十三年	二〇年	六年	辛未	九十三歲
一九三二	四二六五	十四年	二十一年	七年	壬申	九十二歲
一九三三	四二六六	十五年	二十二年	八年	癸酉	九十一歲
一九三四	四二六七	十六年	二十三年	九年	甲戌	九十歲
一九三五	四二六八	十七年	二十四年	一〇年	乙亥	八十九歲
一九三六	四二六九	十八年	二十五年	十一年	丙子	八十八歲
一九三七	四二七〇	十九年	二十六年	十二年	丁丑	八十七歲
一九三八	四二七一	二〇年	二十七年	十三年	戊寅	八十六歲
一九三九	四二七二	二十一年	二十八年	十四年	己卯	八十五歲
一九四〇	四二七三	二十二年	二十九年	十五年	庚辰	八十四歲
一九四一	四二七四	二十三年	三〇年	十六年	辛巳	八十三歲
一九四二	四二七五	二十四年	三十一年	十七年	壬午	八十二歲
一九四三	四二七六	二十五年	三十二年	十八年	癸未	八十一歲
一九四四	四二七七	二十六年	三十三年	十九年	甲申	八十歲
一九四五	四二七八	二十七年	三十四年	二〇年	乙酉	七十九歲
一九四六	四二七九	二十八年	三十五年	二十一年	丙戌	七十八歲
一九四七	四二八〇	二十九年	三十六年	二十二年	丁亥	七十七歲
一九四八	四二八一	三〇年	三十七年	二十三年	戊子	七十六歲
一九四九	四二八二	三十一年	三十八年	二十四年	己丑	七十五歲
一九五〇	四二八三	三十二年	三十九年	二十五年	庚寅	七十四歲
一九五一	四二八四	三十三年	四〇年	二十六年	辛卯	七十三歲
一九五二	四二八五	三十四年	四十一年	二十七年	壬辰	七十二歲
一九五三	四二八六	三十五年	四十二年	二十八年	癸巳	七十一歲
一九五四	四二八七	三十六年	四十三年	二十九年	甲午	七十歲
一九五五	四二八八	三十七年	四十四年	三〇年	乙未	六十九歲
一九五六	四二八九	三十八年	四十五年	三十一年	丙申	六十八歲
一九五七	四二九〇	三十九年	四十六年	三十二年	丁酉	六十七歲
一九五八	四二九一	四〇年	四十七年	三十三年	戊戌	六十六歲
一九五九	四二九二	四十一年	四十八年	三十四年	己亥	六十五歲
一九六〇	四二九三	四十二年	四十九年	三十五年	庚子	六十四歲
一九六一	四二九四	四十三年	五〇年	三十六年	辛丑	六十三歲
一九六二	四二九五	四十四年	五十一年	三十七年	壬寅	六十二歲
一九六三	四二九六	四十五年	五十二年	三十八年	癸卯	六十一歲
一九六四	四二九七	四十六年	五十三年	三十九年	甲辰	六十歲
一九六五	四二九八	四十七年	五十四年	四〇年	乙巳	五十九歲
一九六六	四二九九	四十八年	五十五年	四十一年	丙午	五十八歲
一九六七	四三〇〇	四十九年	五十六年	四十二年	丁未	五十七歲
一九六八	四三〇一	五〇年	五十七年	四十三年	戊申	五十六歲
一九六九	四三〇二	五十一年	五十八年	四十四年	己酉	五十五歲
一九七〇	四三〇三	五十二年	五十九年	四十五年	庚戌	五十四歲
一九七一	四三〇四	五十三年	六〇年	四十六年	辛亥	五十三歲
一九七二	四三〇五	五十四年	六十一年	四十七年	壬子	五十二歲
一九七三	四三〇六	五十五年	六十二年	四十八年	癸丑	五十一歲
一九七四	四三〇七	五十六年	六十三年	四十九年	甲寅	五十歲
一九七五	四三〇八	五十七年	六十四年	五〇年	乙卯	四十九歲
一九七六	四三〇九	五十八年	六十五年	五十一年	丙辰	四十八歲
一九七七	四三一〇	五十九年	六十六年	五十二年	丁巳	四十七歲
一九七八	四三一一	六〇年	六十七年	五十三年	戊午	四十六歲
一九七九	四三一二	六十一年	六十八年	五十四年	己未	四十五歲
一九八〇	四三一三	六十二年	六十九年	五十五年	庚申	四十四歲
一九八一	四三一四	六十三年	七〇年	五十六年	辛酉	四十三歲
一九八二	四三一五	六十四年	七十一年	五十七年	壬戌	四十二歲
一九八三	四三一六	六十五年	七十二年	五十八年	癸亥	四十一歲
一九八四	四三一七	六十六年	七十三年	五十九年	甲子	四十歲
一九八五	四三一八	六十七年	七十四年	六〇年	乙丑	三十九歲
一九八六	四三一九	六十八年	七十五年	六十一年	丙寅	三十八歲
一九八七	四三二〇	六十九年	七十六年	六十二年	丁卯	三十七歲
一九八八	四三二一	七〇年	七十七年	六十三年	戊辰	三十六歲
一九八九	四三二二	七十一年	七十八年	平成元年	己巳	三十五歲
一九九〇	四三二三	七十二年	七十九年	二年	庚午	三十四歲
一九九一	四三二四	七十三年	八〇年	三年	辛未	三十三歲
一九九二	四三二五	七十四年	八十一年	四年	壬申	三十二歲
一九九三	四三二六	七十五年	八十二年	五年	癸酉	三十一歲
一九九四	四三二七	七十六年	八十三年	六年	甲戌	三十歲
一九九五	四三二八	七十七年	八十四年	七年	乙亥	二十九歲
一九九六	四三二九	七十八年	八十五年	八年	丙子	二十八歲
一九九七	四三三〇	七十九年	八十六年	九年	丁丑	二十七歲
一九九八	四三三一	八〇年	八十七年	一〇年	戊寅	二十六歲
一九九九	四三三二	八十一年	八十八年	十一年	己卯	二十五歲
二〇〇〇	四三三三	八十二年	八十九年	十二年	庚辰	二十四歲
二〇〇一	四三三四	八十三年	九〇年	十三年	辛巳	二十三歲
二〇〇二	四三三五	八十四年	九十一年	十四年	壬午	二十二歲
二〇〇三	四三三六	八十五年	九十二年	十五年	癸未	二十一歲
二〇〇四	四三三七	八十六年	九十三年	十六年	甲申	二十歲
二〇〇五	四三三八	八十七年	九十四年	十七年	乙酉	十九歲
二〇〇六	四三三九	八十八年	九十五年	十八年	丙戌	十八歲
二〇〇七	四三四〇	八十九年	九十六年	十九年	丁亥	十七歲
二〇〇八	四三四一	九〇年	九十七年	二〇年	戊子	十六歲
二〇〇九	四三四二	九十一年	九十八年	二十一年	己丑	十五歲
二〇一〇	四三四三	九十二年	九十九年	二十二年	庚寅	十四歲
二〇一一	四三四四	九十三年	一〇〇年	二十三年	辛卯	十三歲
二〇一二	四三四五	九十四年	一〇一年	二十四年	壬辰	十二歲
二〇一三	四三四六	九十五年	一〇二年	二十五年	癸巳	十一歲
二〇一四	四三四七	九十六年	一〇三年	二十六年	甲午	十歲
二〇一五	四三四八	九十七年	一〇四年	二十七年	乙未	九歲
二〇一六	四三四九	九十八年	一〇五年	二十八年	丙申	八歲
二〇一七	四三五〇	九十九年	一〇六年	二十九年	丁酉	七歲
二〇一八	四三五一	一〇〇年	一〇七年	三〇年	戊戌	六歲
二〇一九	四三五二	一〇一年	一〇八年	令和元年	己亥	五歲
二〇二〇	四三五三	一〇二年	一〇九年	二年	庚子	四歲
二〇二一	四三五四	一〇三年	一一〇年	三年	辛丑	三歲
二〇二二	四三五五	一〇四年	一一一年	四年	壬寅	二歲
二〇二三	四三五六	一〇五年	一一二年	五年	癸卯	一歲

三災入命
申·子·辰生
(원숭이·쥐·용띠 눌삼재)

癸卯年神方位圖

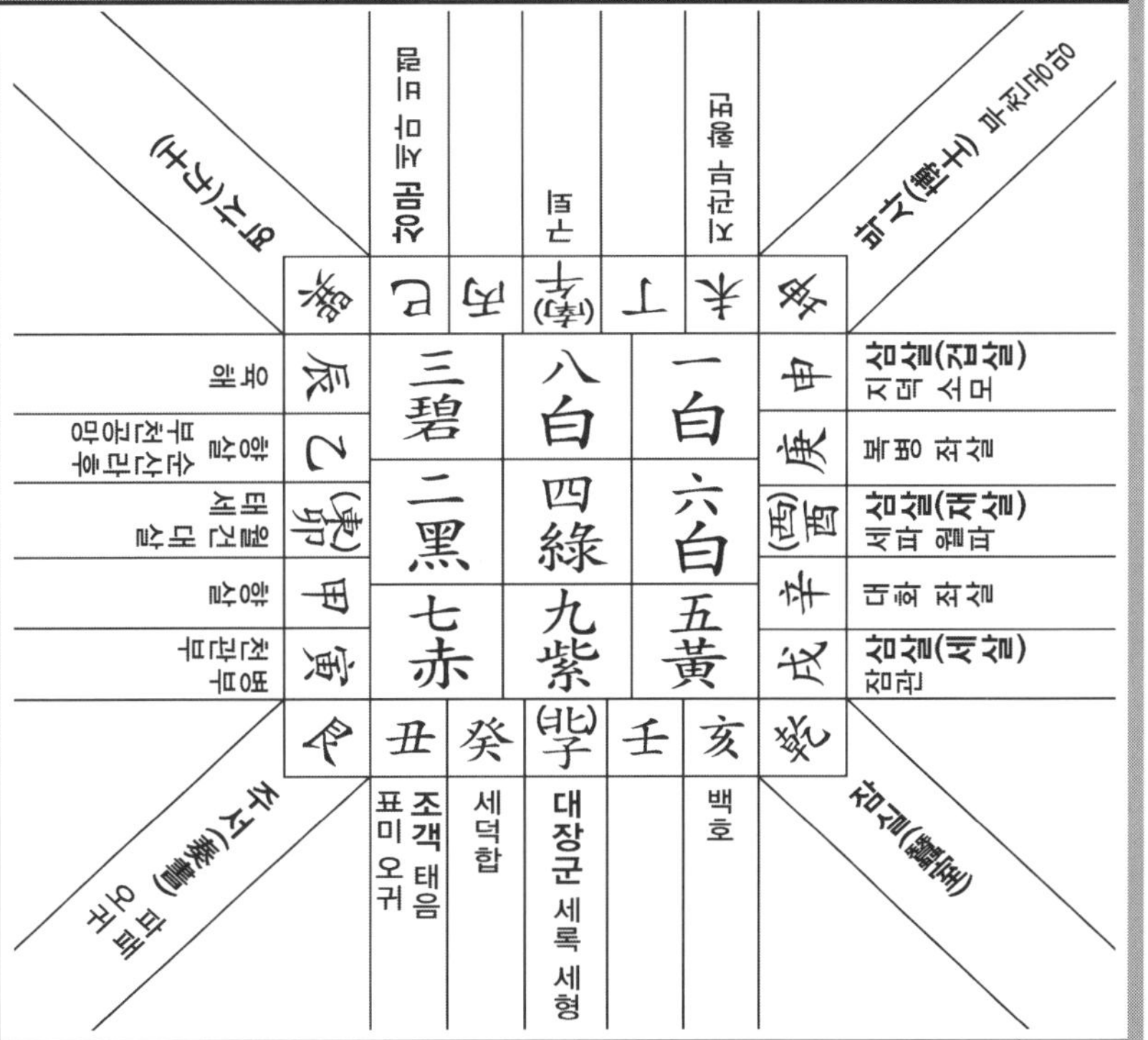

癸卯年 大韓民曆
定價 六、〇〇〇원
二〇二二年 九月 三十日 印刷
二〇二二年 十月 五日 發行
原著者 金赫濟
監修 金東奎
編輯兼發行人 金東求
發行處 明文堂
(一九二三年 十月 一日 創立)

서울특별시 종로구 윤보선길 61
(안국동)
우체국 010579-01-000682
전　화 02-733-3039/734-4798
팩　스 02-734-92096

등록 제1-148(1977.11.19.)

• 年神方位 神煞 해설

[大將軍 - 子(北) 三殺 - 申酉戌(西)]
[喪門 - 巳(南) 弔客 - 丑(北)]

•세파(歲破)와 **월파(月破)** **삼살(三煞)**은 태양임궁(太陽臨宮)으로도 제압할 수 없는 극흉(極凶)한 살(殺)이므로 당연히 피하는 것이 마땅하다。 **•삼살(三煞)**은 겁살(劫殺)、재살(災殺)、세살(歲殺)로 지지(地支)로 오는 극흉한 살이요 **복병(伏兵)** **대화(大禍)**는 삼살의 천간(天干)이다。 그 방위로는 수리(修理)나 건축이 불가하다。수리의 경우 삼살방(三煞方)을 먼저 건드리면 해로우므로 길방(吉方)에서부터 수리를 시작하고 삼살방도 이어서 함께 수리한 다음 길방에 와서 끝나면 무해(無害)하다。 **•대월건(大月建、小月建)**은 중궁의 토신(土神)이다。 오황(五黃)이 개산입향、개거천정、동토에서 무기토와 중첩하면 사람과 재물에 큰 손해를 주는 대흉한 살(煞)이다。 **•부천공망(浮天空亡)**은 연살 중에서는 비교적 가벼운 소살(小煞)이다。 천월덕(天月德)을 사용하고 본명(本命)이나 주체의 귀록마(貴祿馬)를 함께 사용하면 무방하다。 **•연극(年剋)**은 조장(造葬)에서 태세(太歲)의 납음이 묘운(墓運)의 납음을 극하는 것인데 정오행(正五行)의 조명격국(造命格局)으로 보룡부산(補龍扶山)하면 납음의 힘은 보다 약하므로 무방하다。 **•음부(陰府)**는 태세의 화기오행(化氣五行)이 산가(山家)의 화기(化氣)를 극하는 것인데 역시 정오행으로 보룡부산(補龍扶山)하면 보다 힘이 약하므로 무방하게 된다。 **•육해(六害)**는 충신(冲辰)과 합하는 자인데 연가(年家)의 소살(小煞)에 불과하다。 길신 한두 개만 있어도 제살된다。 **•대모(大耗)**、**소모(小耗)**는 세파(歲破)、사부(死符)、겁살(劫煞)과 동위(同位)가 되면 흥공사(興工事)와 안장(安葬)에서 반드시 피해야 하는 큰 살이다。 **•구퇴(灸退)**는 기운부족이니 보룡부산하면 해가 없고 극하면 흉하다。 **•순산라후**와 **병부(病符)**에서 나후는 태세에 핍근(逼近)하고 병부는 구태세(舊太歲)이다。 입향(立向)에 꺼리나 소살(小煞)이니 길성으로 제압(制壓)된다。 **•천관부(天官符)**、**지관부(地官符)**、**백호(白虎)**、**대살(大煞)** 등은 세삼합(歲三合)이다。 만약 흉살이 중첩(重疊)되면 흉하고 길신이 중첩하면 역시 무방하다。 태양도임(太陽到臨)이나 자백(紫白) 주명(主命)의 귀록마(貴祿馬) 삼합국(三合局)으로 제극(制剋)되는데 이 살이 사월(死月)이면 천사일(天赦日)로도 해소된다。 **•대장군(大將軍)**은 환궁월(還宮月)이 꺼리지만 별궁으로 비출하면 해소된다。 **•역사(力士)**는 진술축미년(辰戌丑未年)은 순산라후와 동위이다。 저향(抵向)은 꺼리나 수조(修造)나 나머지 태세는 무방하다。 **•잠실(蠶室)**、**잠궁(蠶宮)**、**잠명(蠶命)**은 세방(歲方)의 장생궁(長生宮)이니 그 방을 수작(修作)하지 않으면 잠실에 다 무흉(無凶)이다。 **•세형(歲刑)**、**육해(六害)**는 태양과 육덕(六德)으로 제살된다。 **•황번(黃幡)**、**표미(豹尾)**는 가취(嫁娶)、수조(修造) 동토、개시에 흉하나 육덕으로 해소된다。 **•상문(喪門)**、**조객(弔客)**은 세삼합의 소살이나 삼합을 충파하면 흉하다。 **•독화(獨火)**、**월유화(月遊火)**、**타두화(打頭火)**는 무서운 대살(大煞)이나 여러 화[諸火: 寅午戌]가 함께 모이지 않으면 무방하고 일백수성(一白水星)으로 제압된다。 **•금신(金神)**은 경신(庚辛)을 만나거나 금납음(金納音)이 된 소살인데 병정화(丙丁火)로 제압된다。

西紀 2023年 檀紀 4356年 癸卯年 松亭 土亭秘訣 作卦 早見表(계묘년 송정 토정비결 작괘 조견표)

太歲(上卦)

年齡	一세 癸卯	二세 壬寅	三세 辛丑	四세 庚子	五세 己亥	六세 戊戌	七세 丁酉	八세 丙申	九세 乙未	十세 甲午	一一 癸巳	一二 壬辰	一三 辛卯	一四 庚寅	一五 己丑	一六 戊子	一七 丁亥	一八 丙戌	一九 乙酉	二〇 甲申
太歲	8	1	2	3	4	5	6	7	8	1	2	3	4	5	6	7	8	1	2	3
年齡	二一 癸未	二二 壬午	二三 辛巳	二四 庚辰	二五 己卯	二六 戊寅	二七 丁丑	二八 丙子	二九 乙亥	三〇 甲戌	三一 癸酉	三二 壬申	三三 辛未	三四 庚午	三五 己巳	三六 戊辰	三七 丁卯	三八 丙寅	三九 乙丑	四〇 甲子
太歲	4	5	6	7	8	1	2	3	4	5	6	7	8	1	2	3	4	5	6	7
年齡	四一 癸亥	四二 壬戌	四三 辛酉	四四 庚申	四五 己未	四六 戊午	四七 丁巳	四八 丙辰	四九 乙卯	五〇 甲寅	五一 癸丑	五二 壬子	五三 辛亥	五四 庚戌	五五 己酉	五六 戊申	五七 丁未	五八 丙午	五九 乙巳	六〇 甲辰
太歲	8	1	2	3	4	5	6	7	8	1	2	3	4	5	6	7	8	1	2	3
年齡	六一 癸卯	六二 壬寅	六三 辛丑	六四 庚子	六五 己亥	六六 戊戌	六七 丁酉	六八 丙申	六九 乙未	七〇 甲午	七一 癸巳	七二 壬辰	七三 辛卯	七四 庚寅	七五 己丑	七六 戊子	七七 丁亥	七八 丙戌	七九 乙酉	八〇 甲申
太歲	4	5	6	7	8	1	2	3	4	5	6	7	8	1	2	3	4	5	6	7
年齡	八一 癸未	八二 壬午	八三 辛巳	八四 庚辰	八五 己卯	八六 戊寅	八七 丁丑	八八 丙子	八九 乙亥	九〇 甲戌	九一 癸酉	九二 壬申	九三 辛未	九四 庚午	九五 己巳	九六 戊辰	九七 丁卯	九八 丙寅	九九 乙丑	一〇〇 甲子
太歲	8	1	2	3	4	5	6	7	8	1	2	3	4	5	6	7	8	1	2	3

月建(中卦)

月別	正月小 甲寅	二月大 乙卯	閏二月小 乙卯	三月大 丙辰	四月小 丁巳	五月大 戊午	六月小 己未	七月大 庚申	八月大 辛酉	九月小 壬戌	十月大 癸亥	十一月小 甲子	十二月大 乙丑
月建	3	2	1	6	3	2	4	3	1	4	3	5	4

日辰(下卦)

月別	初日 日辰	初一日	初二日	初三日	初四日	初五日	初六日	初七日	初八日	初九日	初十日	十一日	十二日	十三日	十四日	十五日	十六日	十七日	十八日	十九日	二十日	廿一日	廿二日	廿三日	廿四日	廿五日	廿六日	廿七日	廿八日	廿九日	三十日
正月小	庚辰	2	1	1	2	3	3	1	2	2	3	3	3	3	2	1	2	1	1	2	2	2	1	1	1	3	2	2	3	2	1
二月大	己酉	2	3	1	1	3	2	2	2	1	1	1	3	3	1	2	1	3	3	3	3	1	1	2	1	1	1	2	2	1	1
閏二月小	己卯	3	3	2	2	3	1	1	2	3	3	1	1	1	1	3	2	3	2	2	3	3	3	2	2	2	1	3	3	1	3
三月大	戊申	1	3	1	2	2	1	3	3	3	2	2	2	1	1	2	3	2	1	1	1	1	2	2	3	2	2	2	3	3	2
四月小	戊寅	2	1	1	3	3	1	2	2	3	1	1	2	2	2	2	1	3	1	3	3	1	1	1	3	3	3	2	1	1	2
五月大	丁未	3	2	1	2	3	3	2	1	1	1	3	3	3	2	2	3	1	3	2	2	2	2	3	3	1	3	3	3	1	1
六月小	丁丑	3	3	2	2	1	1	2	3	3	1	2	2	3	3	3	3	2	1	2	1	1	2	2	2	1	1	1	3	2	2
七月大	丙午	3	1	3	2	3	1	1	3	2	2	2	1	1	1	3	3	1	2	1	3	3	3	3	1	1	2	1	1	1	2
八月大	丙子	2	1	1	3	3	2	2	3	1	1	2	3	3	1	1	1	1	3	2	3	2	2	3	3	3	2	2	2	1	3
九月小	丙午	3	1	3	2	3	1	1	3	2	2	2	1	1	1	3	3	1	2	1	3	3	3	3	1	1	2	1	1	1	2
十月大	乙亥	3	3	2	2	1	1	3	3	1	2	2	3	1	1	2	2	2	2	1	3	1	3	3	1	1	1	3	3	3	2
十一月小	乙巳	1	1	2	1	3	1	2	2	1	3	3	3	2	2	2	1	1	2	3	2	1	1	1	1	2	2	3	2	2	2
十二月大	甲戌	3	1	1	3	3	2	2	1	1	2	3	3	1	2	2	3	3	3	3	2	1	2	1	1	2	2	2	1	1	1

五行屬姓

金姓=徐黃韓成南柳申安郭盧裵文王元梁方杜河白楊片慶蔣晋邵班陰張

木姓=金朴趙崔兪洪曺劉高孔車康廉朱陸董虞周延秋固鼎簡火

水姓=吳呂禹奇許蘇馬魯乜余千孟卞卜尙魚庾龍牟毛南宮皇甫鮮于東方皐梅

火姓=李尹鄭姜蔡羅愼辛丁全邊池石陳吉玉卓鄧薛咸具秦唐宣段

土姓=宋權閔任林嚴孫皮丘都田沈奉明甘玄睦仇童貢陶牛冉

이 五行屬姓은 本 土亭秘訣 내용 중에 稱하는 姓氏(木姓·土星 등)에 적용된다.

송정 토정비결 작괘 조견표

Homepage : www.myungmundang.net
E-mail : mmdbook1@hanmail.net

ISBN 979-11-91757-65-1
13140
값6,000원